超解

マーケティングで面白いほど売上が伸びる本

ウィンテルコンサルティンググループ
代表取締役
市川 晃久

あさ出版

はじめに

■マーケティングは全社で必須の活動である

「マーケティング」という言葉を聞くと難しいと感じる方も多いかと思います。また「マーケティング」と言われても、そのイメージがわかないという方もいらっしゃるでしょう。

本書ではマーケティングについてできるだけ平易な言葉を使用しながら、初めてマーケティングに触れる方でもわかりやすいように説明しています。図版もふんだんに収録し、「見てわかる」ようにレイアウトもしています。

「3C分析」「STP分析」「4P戦略」について順番に解説しました。いわば3ステップで構成しており、本書の項目に沿ってアクションすれば、ご自身のマーケティングができるようになっています。

多種多様な業界事例を本文の中に豊富に入れることで、マーケティングの活用方法をイメージしやすくしています。そのなかにはご自分の業界以外の事例もあるかと思いますが、深く理解するためには、用語の理解も含めて何回か読み返す必要もあるでしょう。
それこそが学習効果を高めることであると考えてください。

■自分には無関係とは思わない

会社（組織）は収益を確保して、再投資を継続しなければ存続することはできません。ご自身がビジネスにかかわる以上は、この構図を無視することも不可能です。マーケティングとは「企業をどう存続、発展させていくのか」という、だれもが関係する大きなテーマにも有効に機能します。

学んだことを実行できなければ成果を上げることができません。そのためにも学習したことを実行できる力が自社にあるのか、確認しなければなりません。12ページに、そのポイントをまとめておきました。

この書籍を「自分の仕事におきかえたらどうだろうか？」という視点でぜひお読みいただければ幸いです。

2016年4月　市川晃久

マーケティング活動の順番は次の通りになります。

まずは「市場や顧客、自社・競合の経営資源」を正確に分析します。マーケティングで失敗する一番の理由として、この現状分析が正しく行われていないことが挙げられます。

【3C分析】

そして、自社が参入した（しようとしている）市場を細分化し、顧客を絞ったのちに自社の立ち位置を決定します。

【ＳＴＰ分析】

そのうえでターゲット顧客に対して具体的に「何を（商品）」「いくらで（価格）」「どんな販路で（流通）」「どんな伝え方で（販促）」を決定してそれらを実行します。

【4Ｐ戦略】

マーケティング活動は、全体像を把握することが重要です。収益が確保できている企業は、この一連のフローを理解し、この手順で実践を行っています。

マーケティング活動の手順

9割以上の企業は不完全

3C分析

Step I

現状を正確に把握する

- 市場・顧客分析する
- 自社の経営資源を確認する
- 競合の経営資源を確認する

3C分析の知識があってはじめて可能に

STP分析

Step II

自社の顧客、立ち位置を決定する

- 市場を細分化（セグメンテーション）する
- 顧客（ターゲット）を選定する
- 自社のポジション（立ち位置）を決定する

「自社（あなたの会社）ならでは」の戦略を立案

4P戦略

Step III

具体的なメリットを顧客に提示する

- どんな商品を【商品戦略】
- いくらの価格で【価格戦略】
- どんな販売経路、購買で【流通戦略】
- どんな伝え方をするか【販促戦略】

※P12へ続く

市場・顧客の分析

自社・競合の分析

第4章 STP分析で戦略の中身を決める

第5章 4P戦略で自社の価値を最大化しよう

マーケティング戦略の実行フロー

※P5 から続く

戦略

目的

長期利益の最大化

- 「ヒト、モノ、カネ、情報」をどう調達、配分するか
- セグメント【S】した市場にマッチした商品開発
- ターゲット【T】（顧客）をどこにするか
- 自社のポジション【P】をどこにするのか

↓

戦術

目的

目先の短期的な利益の奪取（臨機応変）

- 与えられた「ヒト、モノ、カネ、情報」の活用
- 部下（ヒト）の担当決定、人員配置
- 予算（カネ）の効果的な使い方
- 効果的な商品（モノ）の売り方（商談、提案営業）
- 社内で得た情報の活用（顧客への情報提供、交換）
- 個々に与えられた仕事がこなせるか（マネジメント）

↓

戦闘

目的

個々の戦闘能力の向上

- 個々人の戦闘能力（教育レベル、マナー、知識、経験）
- 個々人の基礎体力（学習能力、モチベーション）
- 決められた戦略・戦術の実行徹底（凡事徹底）

第 1 章

マーケティングとはそもそも何か

優良顧客と付き合うためにはしっかりとした**ビジネスモデル**を構築する

1 成長する企業には必ず戦略がある

――顧客をつかみ、逃がさないための仕組みづくり

■「理に適ったハードワーク」で生き残る

「ウチの品質はどこにも負けないのに、なぜ売れないのか？」

「ウチより安く売る会社はないのに、なぜ儲からないのか？」

「どの会社よりも一生懸命働いているのに、なぜ売れない？」

こんな悩みをお持ちのビジネスパーソンも多いかと思います。そもそも「その分析手法」自体が誤っていることもありますが、売れない理由はそのマーケティング手法が「理に適っていない」ことが多いのが現実です。

言い換えれば、その手法が「商品」「市場」「競合他社」等を

鑑《かんが》みた際に市場では有効ではないことが多々あるといえます。

「うまくいっている企業」は理論上正しいマーケティング戦略を実行していますが、「そうでない企業」は目先の対応に追われがちです。

この違いはどこにあるのでしょうか。

■ つまるところ「ビジネスモデル」がカギ

「利益を上げることができる会社」と「そうでない会社」はどこが異なるのでしょうか。

それは「ビジネスモデルで優位性を確保できたか否か」の違いと解釈すればよいと思います。

ビジネスモデルで優位性を確保できた企業は収益を安定的に確保し市場で生き残ります。

顧客にわかりやすい「ベネフィット（利便性等）」を提供し、**「自社を抵抗なく使い続けていただく」**モデルを構築した企業は利益を確保できます。

■ 優位性のあるビジネスモデルを創りあげるための確認ポイント

1「**自社にしか存在しない**」経営資源（ヒト、モノ、カネ、情報、ノウハウ）は何か

2 自社が実施しようとしている戦略は、競合他社が「**簡単にマネできない**」ことか

3 時代背景が変わった時に「**柔軟な変更**」も可能なビジネスモデルなのか

■有効な仕組みは常に磨き続ける

ビジネスモデルとは「自社の顧客を創造、維持するための仕組みづくり」と理解すればよいと思います。

ビジネスモデルを構築する際には膨大な費用と時間がかかります。変化に対応できなければ、ビジネスモデルでの強みは、優位性どころか大きな負担になることがあります。

たとえば、「ネット通販」と「実在の店舗」は似たような商品（サービス）を販売していますが、顧客へ提供する「ベネフィット（利便性等）」には大きな相違点があります。

「衣食住の全商品」がそろうイオン等の総合スーパーは、これまで「ワンストップサービス（一か所ですべてすむ）」というコンセプトで成長してきました。しかし、品揃えが豊富で価格も安価な専門店やネット通販企業との戦いに苦戦しているのをみても、同じビジネスモデルで長期間にわたり優位に立つことの難しさが理解できるでしょう。

■「リアル店舗」と「ネット通販」の比較

	リアル（実際の）店舗	ネット通販
強み	●すぐに欲しい商品を購入できる ●直接商品に触れることができる ●食品やお弁当等、鮮度が問われる商品を購入するのに適している ●直接商品を試着等して購入できる	●店舗に直接出向かないで買い物ができる ●買い物のために、店舗に移動する時間が必要ない ●サイトごとの価格の比較が容易（最も安いサイトで買い物ができる） ●思いついた時に、すぐに購入できる ●時間の有効活用 例：通勤途中でも買い物ができ、空いた時間を他のことに活用できる
弱み	●店舗面積に限界があるため、ネット通販に品揃えの豊富さが負ける分野も多い ●死に筋（売れない）商品を購入するには手間がかかる ●出店や人件費等のコスト負担が非常に重たい（大手が有利に）	●管理にノウハウが必要な商品（生鮮食品等）は現状展開しにくい ●身近にネット環境がないと商品を購入しにくい ●直接商品を手に触れたり、試食等して購入することができない ●商品倉庫、物流コスト等の負担が非常に重たい

「強み」が時代のニーズにマッチしていれば、優位性を確保できる可能性が高くなる

2

企業の市場対応力が問われている

――ビジネスモデルでの優位性を構築する

■市場は生き物

「毎年、同じモノが同じ価格で同じ人に売れ続ける」という市場は稀《まれ》です。

企業は変化に対応し、長期間にわたり自社の業績を向上させる必要があります。そのためには短期、長期の両方の視点で考えたマーケティングを継続する必要があります。

それを怠ると、失敗に気がついた時には企業は打つ手を失っていることも多々あり、その市場では競合他社と戦うことさえできない状況になっていることもあります。

自社の先輩が獲得した既存顧客を守るだけで「永遠の安定」が得られるはずはありません。収益を出し続けるためには、**「新規顧客を増加させる活動」**の優先順位は高いのです。

■ 劇的に変化し続ける深刻な課題を押さえる

日本国内の市場は「人口減少」「賃金減少」「少子化」「高齢化」等、簡単に解決することができないテーマを抱えています。少子化の影響により日本国内では、近い将来、長期的な人手不足（労働力の減少）が起こることが予想されます。

また電機、鉄道、道路、医療、水道等のインフラ維持のコスト負担も人口減少、高齢化による税収不足により厳しくなることも予想されます。快適で便利な生活が永遠に続かないことも考えなくてはいけません。

人口が増え続けている東京都（2016年現在）も2025年頃から人口は減少すると予想されています。その間に全国で最も高齢化が進み、病院や介護施設が足りなくなるのは東京都

■ 日本の人口は減少し続ける（人口推移予想）

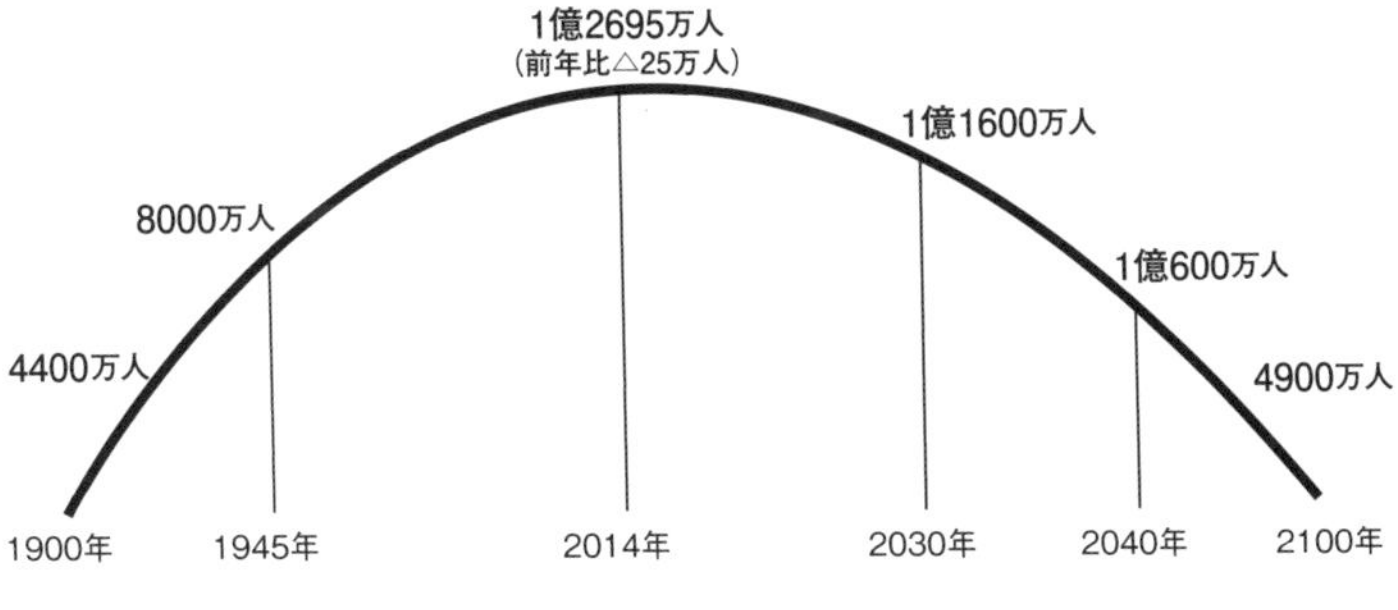

だといわれています。

　日常の食生活を支える「食品スーパー」等が売上高の減少した店舗を閉鎖した結果、いわゆる「買い物難民」といわれる買い物が困難になる人々が増えています。

「ネットで買えばよいのでは？」という意見もありますが、実は商品を運ぶ物流インフラは２０１６年の段階で慢性的な人手不足の状態となっています。

■詳細まで考えて立案する

　企業はこうした「劇的に変化（環境が悪化）している深刻な課題」について複合的に分析し、「効果的なマーケティング」を複数立案して実行する必要があります。

「高齢化に向けてのマーケットを開拓しよう」

「安価で買いやすい商品を開発しよう」

　という単純な考え方では少なくとも「優位性のあるビジネスモデル」を構築することが難しいのではないでしょうか。

■ 人口減少だけではなく、民間企業の「給与」も年々減少している

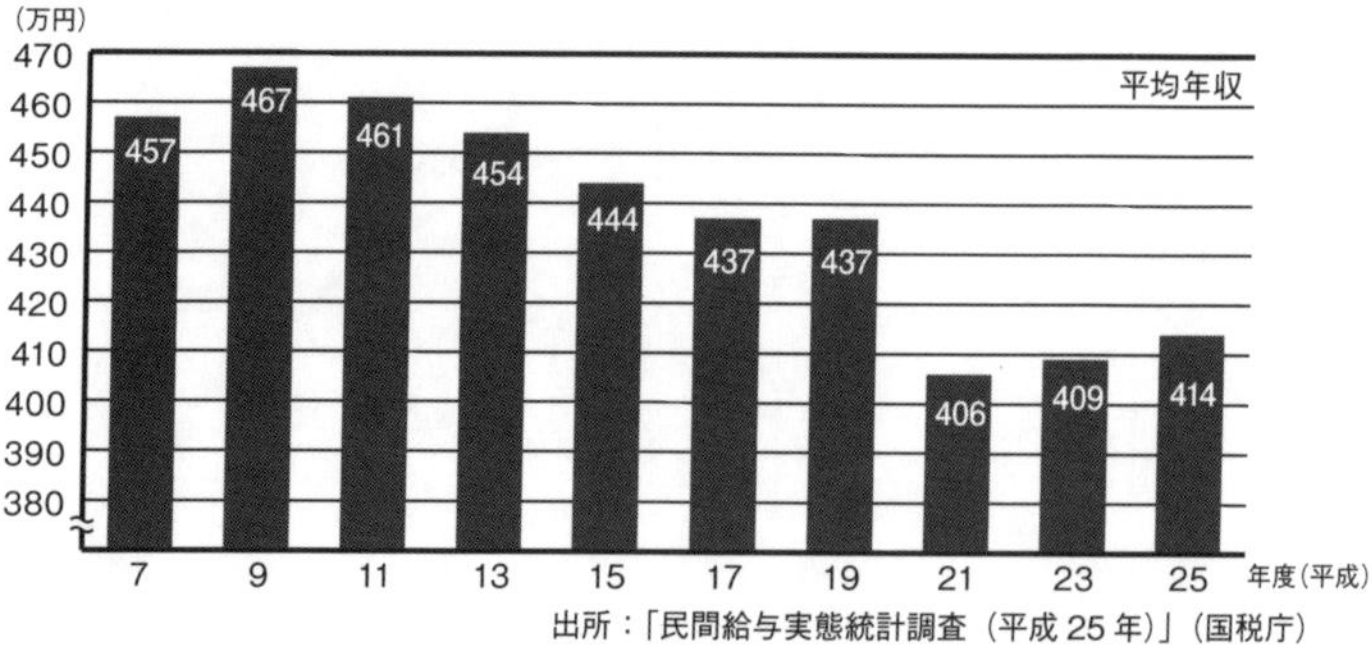

出所：「民間給与実態統計調査（平成25年）」（国税庁）

■ **市場環境の劇的な変化をふまえる(日本国内)**

過去の【市場状況】	今後の【市場状況】
1 人口増加 →**客数増加**	1 人口減少 →**客数減少**
2 給料増加 →**単価向上**	2 給料減少 →**原材料高騰**
3 新市場 →**全体への影響大**	3 新市場 →**欲しいものがない**
4 商品単価の向上 →**売上増加**	4 安くても売れない →**売上減少**
5 1億総中流化 →**努力は報われる**	5 階層化 →**負のスパイラル**
6 若者世代の増加 →**欲しいものが生まれる**	6 少子高齢化 →**負担増加**
7 寛容な市場・顧客 →**企業コスト減**	7 二極化 →**競争激化**
8 自社内でのグループ化 →**雇用の維持**	8 強者連合 →**地域市場独占**
9 総花的な事業展開 →**何でもやる**	9 選択と集中 →**不要は捨てる**
10 十人十色 →**個人差**	10 一人十色 →**認識の変化**

「市場での変化」の組み合わせにより、
自社にどのような影響があるか常に考え抜く

3 優良顧客を創造、維持し続ける

――顧客生涯価値を見極め、優良な顧客を囲い込む

■継続してご利用、ご購入いただく

ビジネスモデルで優位性を構築する目的は「優良顧客」を創造、維持することです。

「優良顧客」は自社を支持してくださる熱烈なファンともいえます。自社にとって非常に価値の高い存在といっても過言ではないでしょう。

では「価値の高い優良顧客」とはどんな存在でしょうか？

それは「ＬＴＶ（顧客生涯価値：ライフ・タイム・バリュー）」という用語で表すことができます。計算公式は下記（下の欄）

■ LTV(顧客生涯価値)の計算公式

Life Time Value

$$LTV = \frac{平均購買単価 \times 購買頻度 \times 継続購買期間}{新規顧客獲得コスト + 顧客維持コスト}$$

「顧客に負担をかけない」で「当たり前」のように自社を継続利用してもらうことが理想

になります。

新規顧客を獲得することは優先順位の高い業務ですが、その顧客に継続して自社をご利用いただかなければ新規顧客獲得効果は一過性のものとなってしまいます。

「継続してご利用、ご購入いただく」視点は非常に重要です。

■顧客分析を間違わない

この視点で分析をすると、企業の顧客優先順位は変わってきます。

以前、著者が店長をしていた1996年頃、その食品スーパーは客単価2000円でした。「給料日に5000円を買い物してくださるお客様」も重要でしたが、「毎日500円の買い物をしてくださるお客様」が一番ありがたいと感じました。

なぜならば、**「利用頻度の高いお客様」**ほど、お店を理解してくださるので、商品説明や購入を促す販促コストが一般のお客様よりも低くなり、利益貢献度も大きかったのです。

■「顧客維持」「顧客創造」で収益を確保する

- ●現在の顧客を絶対に他社のユーザーにしない（顧客維持）
- ●現在の「100人の顧客」を101人以上にする（顧客創造）

自社でコストを負担しても、収益が減らないような戦略を立てる必要がある

いちばん大切なお客様を見誤ってはいけません。

■長期的な視野を忘れない

長期的な視点で顧客を分析せずに、「目先の、大きな顧客」を探すことに力を入れても、そのような「顧客」がいないこともあります。いたとしても顧客獲得コストが膨大にかかります。

取引の継続性が見込めなければ、収益の視点では重要度が高くない顧客となることもあります。

■5つの経営資源の魅力を常に確認する

企業は、こうした「LTV（顧客生涯価値）」を重要視した視点をもたなければ、取引先の大小でマーケティングの優先順位を下げるという誤った戦略を採ることになります。

経営には「ヒト」「モノ」「カネ」「情報」「ノウハウ」の最低5つの要素が必要ですが、それが**自社の顧客にとって魅力のあるものなのか**……を常に確認する必要があります。

■ 自社の「ヒト」「モノ」「カネ」「情報」「ノウハウ」で顧客対応する

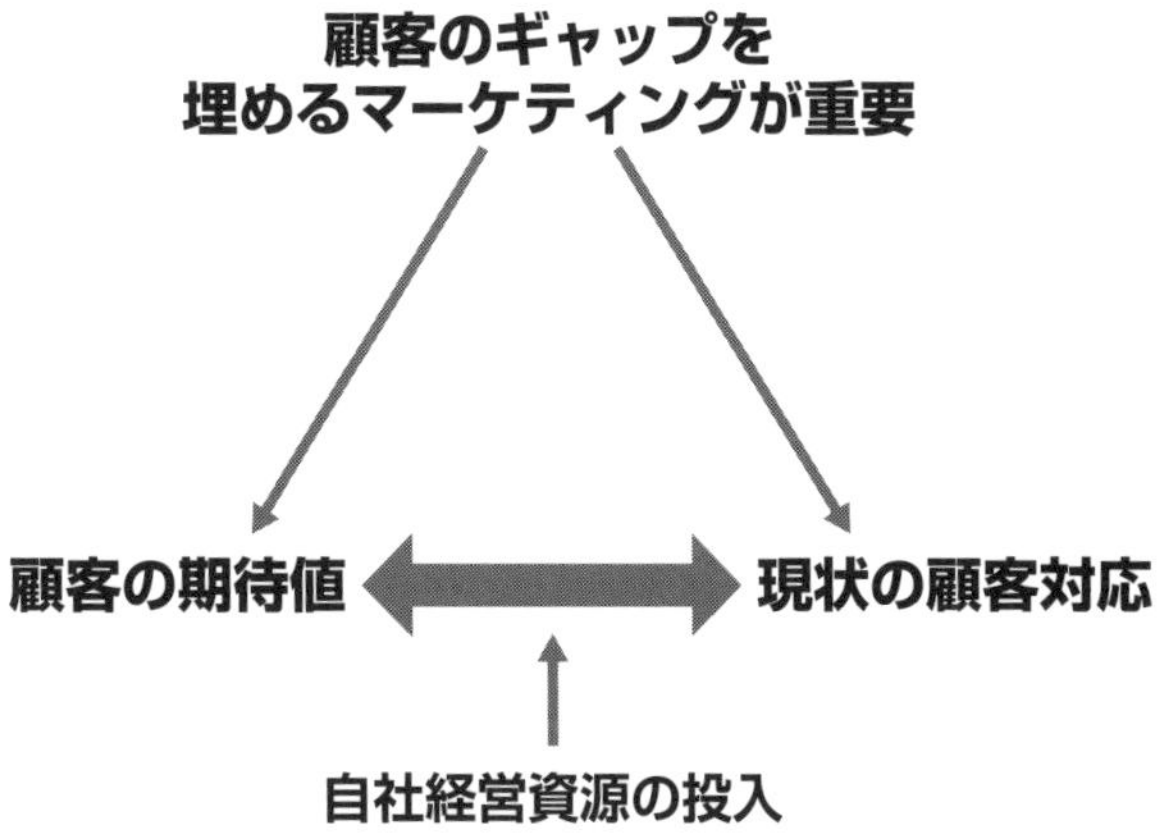

1 ヒト
- 顧客の望む商品への人材供給
- 顧客の期待値に合った人材教育

2 モノ
- 顧客を驚かせる商品開発
- 顧客志向の商品開発

3 カネ
- 顧客ニーズに合った設備投資
- 競合他社と戦える資金準備

4 情報
- 独自の価値ある情報網
- 収集した情報の活用能力

5 ノウハウ
- 他社にない能力を顧客に提供
- 顧客志向の新しいノウハウを提供

複数の経営資源を組み合わせて、
顧客を永続的に魅了し続けることを実行する

ビジネス現場でのツボ❶

社員がやりがいを感じない企業は勝ち残れない

――優良顧客と付き合うためにもしっかりとしたビジネスモデルを構築する

▼働いても報われない会社では夢はもてない

日本人の睡眠時間は主要30国の中で2番目に短い平均7時間50分である。

「えー、7時間も寝ているの」という感想をもつ方も多いだろう。日本のビジネスパーソンは文字通り「寝ずに働いている」のである。

その一方で「生産性」は低く、主要7カ国においては日本の生産性は19年連続で最低である（日本生産性本部調査）。

睡眠時間を削り働いているのに利益率が低く優位性のあるビジネスモデルを構築できていない。

一生懸命に働いている社員の頑張りが、残念ながら報われない環境にあるといえる。

ビジネスにおいて、顧客や仕事に恵まれることほど有意義なことはない。

反対にサービス残業を日常的に繰り返し、いくら働いても利益も確保できず、競合他社に追い込まれてしまうような環境では報われない。

優良顧客や優位性のあるビジネスモデルに社員が恵まれてこそ企業間競争も有効に機能し、従業員満足も高まる。

こうした活動は経営陣の仕事でもあるが、社員全員で議論して実行できる企業風土を作り出すことが重要である。やりがいや収益確保と無縁の従業員は存在しない。

第2章

戦略の基本を押さえる

仕組みとして顧客にとってのメリット・価値を
わかりやすく伝える

4 「仕組み」を作った組織が市場では勝つ

――キヤノンのストックビジネスが高収益な理由

■リーマンショックでも高い利益を維持

前項でビジネスモデルについて解説をしましたが、優位性のあるビジネスモデルの具体例を紹介します。

日本を代表する精密機械メーカーに「デジタルカメラ」等で世界一のシェアを誇るキヤノンがあります。

キヤノンはその収益性の高さでも知られています。

とくにリーマンショックで世界景気がどん底になった2008年12月期決算でも、日本の電機メーカーの赤字合計が2兆円程度になったのにもかかわらず、4961億円の営業利益（営業利益率12・1％）を確保しました。その後もコンスタントに10％前後の営業利益率を確保しており、競合他社と比較するとその利益率の高さは際立っています。

それでは、なぜキヤノンは利益率が高いのでしょうか？

■プリンターのインク等で収益を確保

たとえば、キヤノンが製造販売する商品にプリンターがありますが、この商品は一度販売したら終わりの「売り切り」の商品ではありません。**販売後にプリンターを使い続けるためにインクも購入し続けなければいけません。**これが、最強のビジネスモデルのキモといえます。

インクを購入しなければ、プリンターは使用できませんので、キヤノンのプリンターを購入した顧客は自動的にキヤノンのインクを購入することになります。

これを「**ストックビジネス**」といいます。同じようなモデルに「携帯電話を購入すると必ず支払う通話料」「エレベーター

■「ストックビジネス」の他事例

1 インターネットの接続
※初期費用を無料にする等、集客を図る

2 髭剃りの替え刃
※髭剃り本体を買えば、そのメーカーの替え刃を必ず買う

3 コピー機
※印刷用トナー交換、機械のメンテナンスがなければ本体は動かない

のメンテナンス」等があります。

一方、自動車、テレビ等「売り切り型」のビジネスモデルは「フロービジネス」といわれます。

ストックビジネスのほうが、より収益が安定しやすい傾向になるといわれています。

■「自社を抵抗なく使い続ける」ことが大事

自社の顧客流出は即「収益減少」につながりますので、これをいかに防ぐかに企業は常に頭を悩ませています。顧客の流出を防ぐ仕組みを確立することができれば、ある一定期間、安定して収益をつくりやすくなるのです。

キヤノンは、プリンター本体を買いやすい金額で顧客に購入してもらい、インクを通じて顧客から安定した収益を確保する仕組みを完成させました。これが高収益企業として成功した一因なのです。

■ 消耗品を使い続けることで、次の商品購入の選択肢も優位になる

ストックビジネス

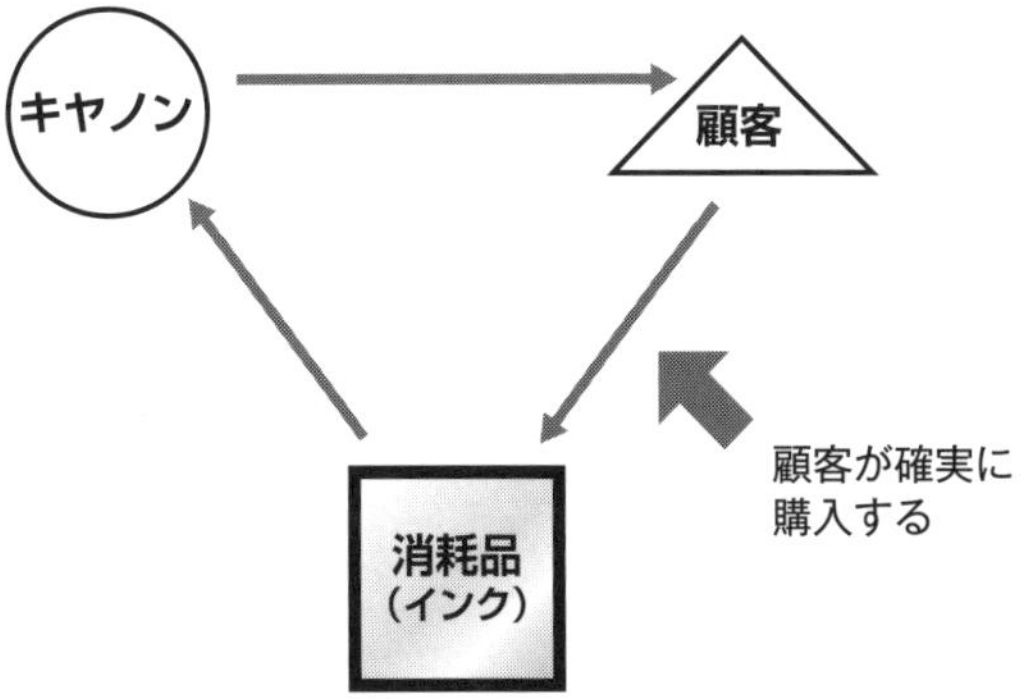

顧客は消耗品（インク）の使用を通じて、キヤノンのブランド価値を日常的に理解する機会を得る。次回もキヤノンの商品を購入する可能性が高まる

フロービジネス

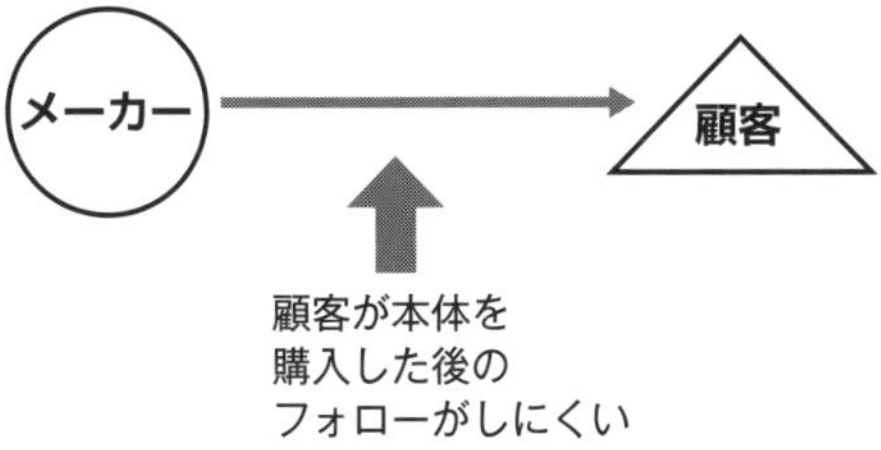

「売り切り」商品の場合、次の新商品購入を仕掛ける「キッカケ」がつかめなくなる可能性がある。その場合、競合他社へのブランドスイッチが起こる

収益を確保する方法②

5 競合のない企業が最も強い

――ニトリ、無印良品はなぜ儲かるのか?

■「その企業でしか」がキーワード

「どんな企業が市場で支持されやすいのか?」という質問をよくいただきます。

この回答は簡単で「その企業でしか買えない商品、そこでしか実現できないサービス」をもっている企業が圧倒的な支持を得やすいといえます。

たとえば、国内の家具市場で2位の大塚家具に5倍以上の売上高の差をつけ独走する売上高4173億円、経常利益679億円（2015年度）のニトリは、店頭で販売している商品の

80％程度がニトリで製造、販売されるオリジナル商品です。

また、国内では同じような業態が思い浮かばない無印良品に関しては、そのオリジナル商品比率は100％になります。

この2社は他社と同じ商品を販売していないので、最も顧客にわかりやすい「商品」で他社との相違点をアピールしています。

■価格に敏感な顧客へも対応する

ニトリや無印良品は消費税が8％に増税された2014年4月以降も順調に売上高、営業利益が増大しています。

景気が悪くなる局面では顧客は価格に敏感になります。その際、他社と「同じ商品」であれば、当然顧客は安いほうを買うことを考えます。一方、商品等で差異化を図ることができれば、自社にも大きなチャンスはあります。そういった対応ができなければ自社は価格で勝負する市場に巻き込まれます。

しかし、「他社では買えない」という商品であれば、そもそも価格の比較をすることが不可能です。

■ ニトリ、無印良品等の「自社オリジナル商品」メリット

1 利益率が高い
※メーカー、卸売業に支払うコストが最小限になる

2 商品の差異化が可能
※自社でしか買えない商品を販売できる

3 顧客へ市場相場より安価で商品を販売できる
※費用対効果が高い

顧客は「高いのか？　安いのか？」という比較よりも、「この店舗で販売しているこの商品は、価値に見合う価格なのか」という判断を冷静にすることができます。

そして、その商品の価値が高ければ顧客は、その商品を購入することを検討する可能性が高くなります。

■自社のオリジナル性を徹底して磨く

営業がうまくいかない理由の一つに「他社と比較して似たような商品・サービス」を販売していることがあげられます。

ニトリ、無印良品のような流通業が主導して製造販売される「PB（プライベートブランド）商品」の売上高が順調に伸びています。

顧客にわかりやすく、比較しやすい商品・サービスで、**自社しか販売していないものがどれほどあるのか**……市場で生き残るためには、まず、こうしたことから確認して対応策をとる必要があります。

■ ニトリのオリジナル商品を作る「バリューチェーン」の仕組み

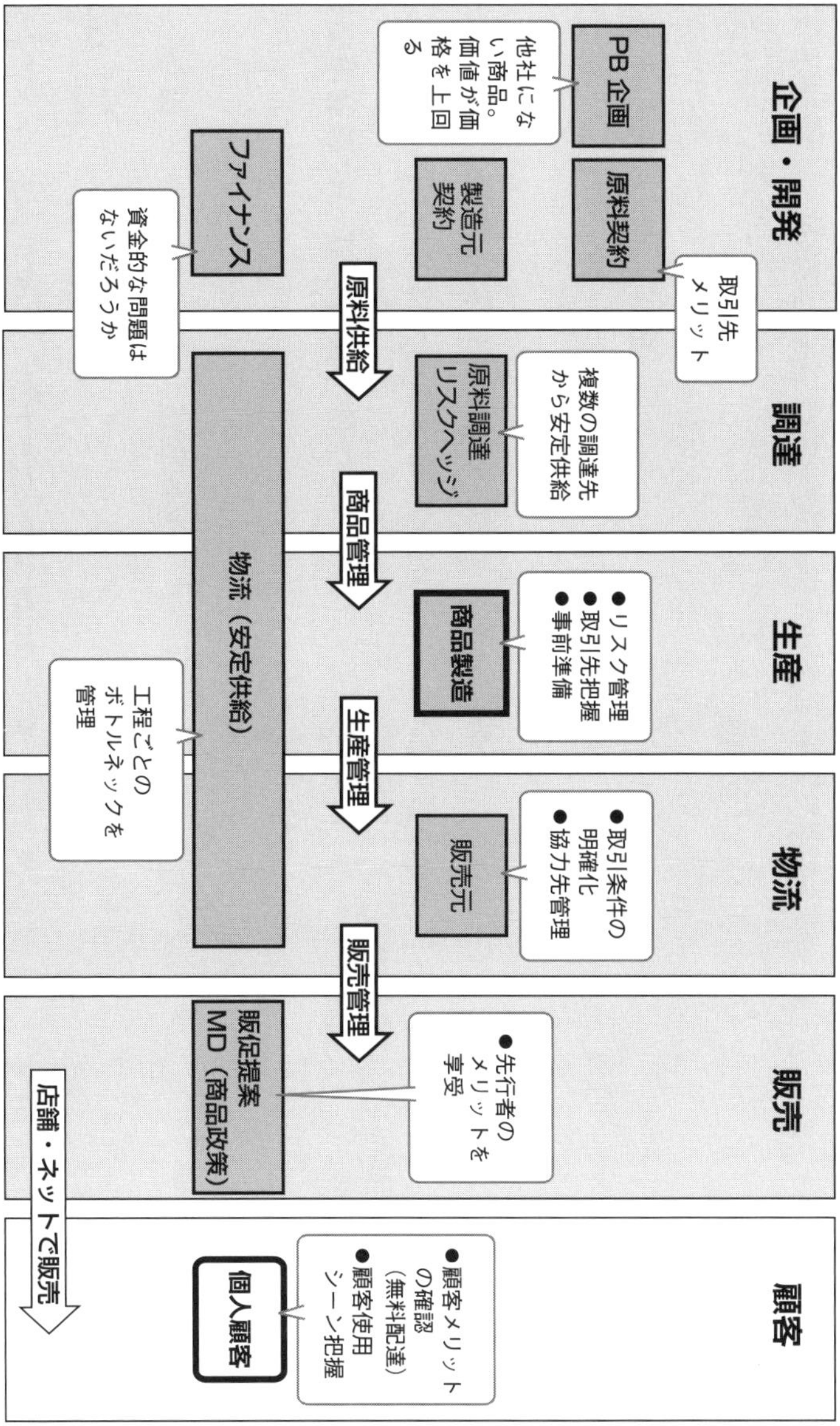

一気通貫のビジネスモデルをもっている企業は他社と比較しても強い

採るべき「戦略」、提供する「価値」

6 「速い」「安い」「付加価値」のいずれかで戦う

――世界最小の歯車を製造する樹研工業

■価格で勝負してはいけないのか？

前項で「自社のオリジナル性で勝負するべき」という解説をしましたが、「価格で勝負する」ことはいけないのでしょうか？

実はそうとは限らないのです。

実際には市場では「価格で競争する」ことで他社を圧倒している企業も多いのも事実です。

たとえば、規模が大きい（とくに世界一規模の）企業は、原材料の大量購入、物流効率化、作業効率化等で商品原価を低減することに関しては優位性があります。

しかし、体力勝負できる会社は限られていますので、それ以外の企業は「他社よりも速い対応（スピード）」「商品の差異化」で勝負することになります。

■技術力なら中小企業でも世界一になれる

「パウダーギア」と呼ばれる世界最小の「100万分の1グラム」の大きさの歯車をつくる樹研工業（愛知県豊橋市）は社員を厚遇で大切にすることでも有名な企業です。

「技術世界一（世界最小）という商品」は、大企業だけが実現できることではありません。中小企業でも勝機があります。

ある分野でナンバー1になれば、企業規模で劣勢に立つ企業でも、顧客からの相談等を通じて「**鮮度のよい有益な情報の収集**」ができる可能性が高くなります。

その結果、樹研工業は収益性が高く（売上高27億円、経常利益2億円）、財務基盤が安定した会社となりました。

■ 鮮度のよい有益な情報

鮮度のよい情報 ⇒ 自社も顧客も知らない、新しい情報

有益な情報 ⇒ 自社のビジネスの利益に直結する情報

■「スピード」は企業の存続の生命線

「顧客対応の速い企業」はあらゆる場面において優位になります。たとえば、「スーパーのレジの待ち時間」「ネット通販の待ち時間」「納品の迅速さ」等、すべて速いほうが顧客にメリットがあります。

「同じような業務の対応時間」を他社と比較した際に、自社はスピード感があるのかを確認しましょう。

■中小企業は「価格」で勝負してはいけないのか

それでは、「中小企業」が「他社よりも安価で商品を販売して利益を確保すること」はできないのでしょうか？

実は「業界での中堅企業以下の規模」の会社が、自社よりも大手の企業と価格勝負をして勝てる手法が一つあります。

その方法につきましては、「価格戦略」（130ページ）で解説いたします。

■ 競争優位を維持するために「狙うべき市場」を明確にする

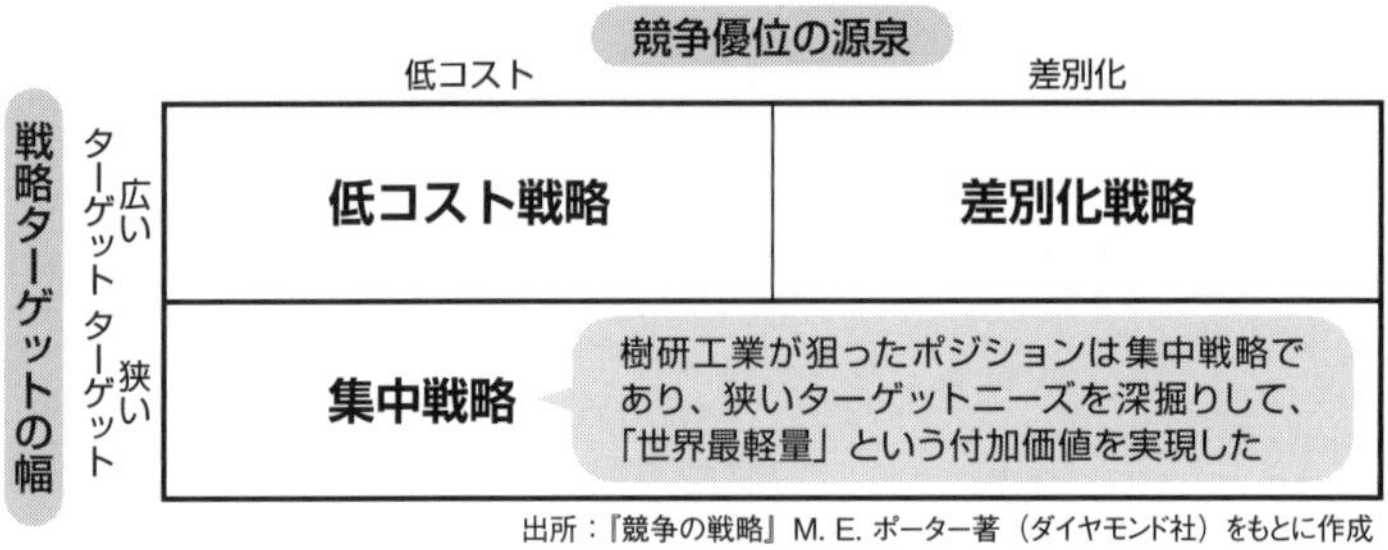

出所：『競争の戦略』M. E. ポーター著（ダイヤモンド社）をもとに作成

■「顧客」へ提供できる「価値」を考える際のポイント

スピード（速いことによる顧客のメリット追求）

- 顧客の求める短期の納期に対応
- 他社よりも迅速に対応し自社の価値を向上
- 迅速対応で顧客への直接的なメリット（在庫削減等）提供

コスト（同じ効果であれば、より安価に）

- 比較が容易な同じ商品は安さが有利に
- 顧客の手間を省くことで、時間短縮を提供
- コスト対応力をもつことで、さまざまなニーズに対応

付加価値（他社ではできないモノ・サービス等）

- 自社でしかできない商品を顧客に提供
- 世界で一番○○、日本で一番○○という価値を顧客に提供
- 顧客の求める品質基準に常に対応

※この３点のうち１つ以上の項目で優位性を確実につくりあげる

※その優位性がなければ市場においてきわめて不利な状況になることを覚悟しなければならない

※逆に３点すべてで競合他社に勝つことも容易ではない。どれかの優先順位を下げることで、「自社は何をするのか」「何をしないのか」を明確にする

産業財こそマーケティングを重要視すべき 7

——「気に入られるか」ではなく「儲けさせるか」がポイント

■マーケティングは産業財メーカーにも必要

「マーケティング」というと消費者向けにビジネスを展開している企業だけ……とイメージする方も多いかと思われます。

産業財メーカーは「華やかなテレビCM」等とはあまり縁がないので「マーケティングも不要」……と考えるのは安易です。マーケティング活動の目的は「顧客の維持・創造」ですので、どんな業種のビジネスにも重要な要素になります。

法人向けに活動をする「産業財」と消費者向けの「消費財」では、収益を確保するための手法が大きく異なります。

■ 「産業財」と「消費財」の相違点①

	「産業財」の特性	「消費財」の特性
具体的な商品名（事例）	●セメント、ゴム等の「材料」 ●半導体等の「部品」 ●工場等の「生産設備」	●ビール、飲料 ●即席ラーメン ●歯ブラシ、ティッシュ
顧客の本質的欲求	顧客の付加価値創造への有効度	消費者の満足度向上、欲求充足
マーケティング活動	収益が確保できる顧客との取り組み	消費者に気に入られるか
顧客の価格感度	相場、経験値により決定傾向	心理的に買いやすい金額
購入決定のプロセス	会社の組織により決定	個々人の考え方に左右
購買への決定権者	複数部署が関与しながら決定	個人の気分やイベントに左右
顧客の購買方法	直接購買、代理店購買が基本	本人、家族等の関係者が購入
顧客との関係	先行企業が圧倒的に優位 ※顧客を固定化できればなお良い	顧客へのブランド化を狙う ※「なんとなく毎日使う」関係構築
ターゲット層	限定であることが多い ※顧客多数のビジネスモデルを構築した会社は柔軟性あり	大多数が一般的 ※高額品は少数の顧客であることが多い
顧客のバランス	上位顧客で多くの収益を確保しがち	少数の顧客に左右されることは稀な事例

自社のビジネスがもつ特異性を確認したうえで、業種業態にマッチしたマーケティング活動を考えることが重要

■産業財は「合理的な判断」を最優先させる

たとえば、消費者向けのビジネスでは「いかに顧客である消費者に自社を好きになってもらうか」という視点は、自社のブランド構築の点からも重要な要素になります。

しかし、産業財は「自社商品、サービスを使うことが顧客にどれほどメリットがあるのか」が重要な要素となります。言い換えれば「顧客が儲からなければ（コスト削減等）、商品の購入は検討されない」ということが多々あります。

■とにかく先手を取る

産業財は「市場で先行」をすれば、その市場での知名度が高くなり、他の顧客も採用、サービスを検討します。**産業財は一度、使用すると他社に変更しにくい**商品も多々あります。

簡単に変更できない商品、サービスこそ「先行が圧倒的に優位」になります。

■「産業財」と「消費財」の相違点②

	「産業財」の特性	「消費財」の特性
成功のためのポイント	商品力と営業力のバランスが重要	消費者イメージを徹底して向上させる
商品戦略	他社より品質が悪いと売れない	良いものが売れるとは限らない
価格戦略	費用対効果の高さ（顧客の予算の範囲内）	顧客のニーズに対応した会社が圧倒的に強い
流通戦略	顧客への直接アプローチ	専門店･量販店販路、ネット通販は拡大傾向
販促戦略	顧客へ情報提供、個別訪問の頻度	テレビCM、新聞チラシ、問屋等への紹介
営業戦略	個別企業ごとへのオリジナルの提案	流通各社への本部商談、巡回頻度を増やす
顧客接点を継続するために	定期的に継続して顧客を訪問できる商品やサービスをもつ企業が強い	消費者に自社商品を使用し続けてもらえるようなキャンペーン、仕組み（修理、交換等）があれば他社と比較して優位になる

業種業態を問わずに「顧客接点」を多くもつことができるビジネスモデルの会社は収益性が高い。顧客接点を増やす工夫をする

8 サービス財は二種類に分けて考える

——東急ハンズは「コト（体験、経験）」を提供する

■「機能」「用途」を徹底的にアピール

前項では消費財と産業財の視点で解説をしました。消費財でも産業財でも「モノ」を販売する会社に変わりません。「サービス業のマーケティングとは異なるのではないでしょうか？」という質問もよくいただきます。

これも「顧客から収益をいただく」という点でみれば共通点は多数あるのですが、サービス業（財）は、自社が提供する「機能」「用途」を顧客に徹底的にアピールしてご理解いただくことが重要になります。

■顧客が求めている本質を攻める

専門店の東急ハンズは工具用ドリルを販売していますが、顧客は商品そのものを求めているわけではありません。その工具を使用して作る「5㎜の穴」が必要なのです。

同様に学習塾に求められるものは「見映えのよい教材」ではなく「受験の合格」になります。

顧客が求めている、この本質を徹底的に追求して、自社が**顧客に提供できる「コト（経験、用途等）」を明確にする**ことがサービス業では必要となります。この場合、サービスとはメーカーが提供する「アフターサービス」「保守」等も当然含まれると考えるべきです。

こうしたメーカーのサービス分野は「自社と契約している顧客」への直接対応となるため、自社を使わざるをえなくなり、価格競争も起きにくくなります。

■「モノ」ではなく、「コト」を考えるべき

「モノ」は顧客への直接の便益（ベネフィット）になりますので、その品質を向上させることは重要なマーケティング活動になります。しかし、顧客は「コト（経験、体験等）」を通じて、その付加価値を確認します。

たとえば、顧客は東急ハンズやドン・キホーテといった、斬新でトレンド色の強い店舗には「まだ見たことがない新しい何かを探しに行く（経験、体験）」という価値を期待します。

顧客は「ハロウィン」のような新しい祭りに対して、どんな「コト（経験）」をしてくれるのか、ワクワクして来店します。

こうした楽しみを提供できない企業は、「決まりきったモノ（定番商品）」を顧客に提供するだけになり、価格競争に巻き込まれる可能性も高くなります。

企業は「モノ」があふれている時代だからこそ「コト」の価値を打ち出すことが重要なマーケティング活動になります。

■ コト消費は顧客の場面ごとのストーリーを考える

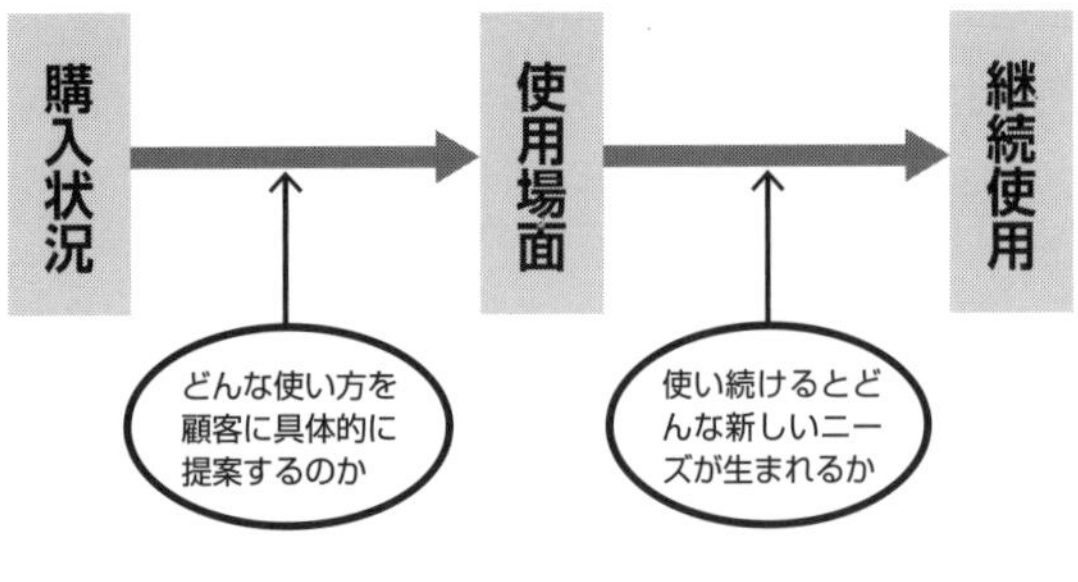

■ 自社の「商品・サービス」を成功させるポイント

自社商品・サービスの軸に下記の要素があるかを確認する必要がある

↓

この機能が明確になれば顧客ターゲットが絞り込める

（例）顧客の「不・負・怖」を解消する

不安	不都合	不便	不足
不潔	不満	不眠	不経済
不合理	不快	不能	負担
負債	恐怖		

[成功事例]

- 警備保障会社のセコムは、顧客に「安心、安全」を提供
- ヤマト運輸は顧客に「不都合（→対応：都合のよい時間帯での受け取り）」、「負担（→対応：荷物の移動）」を解消
- ユニ・チャームは顧客に「清潔感」「快適さ」を提供
- 安眠寝具メーカーのエアウィーヴは顧客の「不眠」を解消して「快眠」を提供

ビジネス現場でのツボ❷

仕事で成果を出すにはどうすればよいか

――「儲かる会社」「儲からない会社」の特徴とは？

▼儲からない会社には理由がある

営業利益率は同じ業種業態ではだいたい同じ数値になることが多い。特許等の理由で製薬会社等は高くなるし、ビジネスモデルが同じような卸売業では低くなりがちになる。

それ自体はある意味、仕方のないことだが、問題は**同業他社と比較して自社の利益率が明らかに低い場合**である。

これは見過ごすことができない問題である。

著者個人の経験上、儲からない企業には「理由が明確」にあるということである。

その理由は下記の2点に集約される。

1 ビジネスモデルが陳腐
2 社員の実行力がない

この2点が不運のはじまりであるが、1は社員にとっての悲劇であり、2は経営陣にとっての不幸といえる。

また、この2つの共通点は「すぐには解決できない課題」であることが多い。

著者の経験上、いわゆる「ダメな会社」がすぐに復活することはきわめて稀といえよう。

新聞紙面等でそういった企業を目にすることがあるが、「ビジネスモデルの優位性」「社員の実行力」の少なくとも1点に優位性がある企業でなければ「劇的な復活」はありえない。

良い人材を採用し、社員を継続して徹底して鍛える。優位なビジネスモデルを構築し、変化に対応させ続けることは経営必須の業務である。

▼「独自性」が「儲かる企業」には必要不可欠

儲かる企業の特徴は「独自性」があげられる。「ウチはここが違う」といえる企業は同業他社と比較しても利益が確保できていることが多い。

こうした簡単な課題ほど回答が難しいのである。儲かっていないのに、「ウチのここがスゴイ」という企業もたまにあるが、それはほとんどが自社の「思い込み」「独りよがり」である。

顧客視点での独自性とは、きわめてハードルが高いのである。「パッと見て」その違いが一別できなければそれは独自性とはいえない。

使ってみて、これはどの企業の商品かが素人にでも簡単に理解できることが「独自性」である。

そのような「独自性」を自社はもっているのか……儲かる企業なら冷静に判断できるのである。

▼ウチの商売は特殊なのか

「ウチの商売は特殊だ」という方によくお会いする。自社のビジネスの難しさをアピールするためなのだろうが、これを社内で浸透させてしまうと悪い影響も多い。

最も悪い影響は、**発想が「自社業界の常識」からしか出なくなる**こと。また、他業界を分析しないので視野が狭くなる。

こうした環境に陥ってしまうと良いアイデアが生まれる土壌は育たない。成功している企業を分析すると他業種からヒントを得ていることが多い。

たとえば、有名なトヨタ自動車のトヨタ生産方式は、アメリカのスーパーマーケットの在庫管理のシステムを参考にしたことは有名な話である。

自動車の生産台数世界一のトヨタ自動車はこうした広い視野をもつ土壌があったので、より強い企業であり続けるといえる。

▼メリットがわかりにくい会社は儲からない

高学歴の従業員が多い会社なのに儲かっていない企業がある。なぜなのだろうか？

偏差値の高い方が考えると、あらゆる表現が難しくなりがちになることがある。自分が理解できれば、みんなも理解できるだろうという思い込みがある。

これが仕事をするうえでは大きなデメリットになることがある。一方で、その分野の素人に説明する能力のある企業は顧客から理解されやすい。

ビジネスにおいては自社を認知していただき、理解をされて初めて購入を検討していただく環境が整う。「だれでもわかる」ことを突き詰めている企業は儲かりやすいのだ。

逆に「小難しい表現を得意げに使う企業」は儲かりにくいことは明白である。

▼「得した」と顧客に思ってもらう

顧客にとって最も満足度の高い感想は「得した」という気持ちである。顧客に「得した」と思わせる工夫が随所にある企業は、文字通り顧客満足度が高い。単純ではあるが「儲かる企業」というのは、共通して顧客に「得をさせている」。

儲からない企業は、間違いなく「わかりにくい」「損しそうだ」と顧客が感じている。

第 3 章

3C分析で現状を正確に把握する

9割の企業は不完全。活動が
成功するかのカギはここから始まる

9 「市場・顧客」「自社」「競合」の3つを分析する

――競合との比較で優位なポジションをとる

■「現状の正確な分析」からすべてが始まる

現代社会は複雑かつ多様な環境要因が存在し、常に変化を続けています。こうした時代では、変化を的確にとらえて成長していく企業と、対応できずに市場で消えていく企業とに分かれていきます。

成果を上げるために最初にするべきことは「**現状を正確に把握すること**」です。そして、成果を上げるための最初の手法として用いられるのが、「3C分析」です。

3C分析では、自社と競合を比較することで競合に対して自社が優位なマーケティング活動をどのように実施するべきかを考えます。

■「環境への対応」がもう一つの目的

変化し続ける市場に対して自社がどのような戦略を構築するのか……3C分析なくして「ターゲットの選定」「商品」「価格」「販路」「販促」を決定することは無謀な行為です。

『進化論』を書いたダーウィンの言葉に「生き残るモノは強いモノでもなく、賢いモノでもなく、環境に対応できたモノ」という言葉（適者生存）があります。

これは、ビジネスの世界でもいえることです。

3C分析は自社が「生き残れる市場」を模索するためにも活用できます。

その手法、ポイントについて解説をしていきます。

■ 3Cとは「市場・顧客」「自社」「競合」のこと

市場・顧客（Customer）
特定商品の市場規模や顧客特性のことであり、「顧客ニーズ」「市場状況」と同義語

自社（Company）
自社の「市場シェア」「技術力」「資金力」等、定性的および定量的の両面で図ることができる「自社の経営資源」のこと

競合（Competitor）
自社と同じ市場で競争をする「他社の経営資源」のこと

市場・顧客の分析①

10 情報収集は、まずは「自社の業界に関する法律」から

――常に法改正等へのアンテナを磨く日本ガイシ

■法律の改正等を定期的にチェックする重要性

「情報を収集するうえで注意する点は何ですか？」という質問をよくいただきます。情報収集のためには各方面にアンテナを張り巡らせることは重要なのですが、それでは非常に情報収集に時間とパワーがかかります。

そこで、私がお薦めするのは「自社の業界（自分の業務）」に関する法律にピンポイントで情報収集することです。

たとえば、自動車業界の方であれば「道路」や「排ガス規制」等についての法律には無関心ではいられません。同様に経理部

門の方であれば「税金」「会計基準」の変更については、その知識がないことは業務上許されることではありません。

２０１４年４月に消費税増税がありましたが、消費者の関心の高さ、影響の大きさはだれもが知るところとなりました。また、消費税増税への対応により、２０１４年度の**企業収益に差が出た**ことも事実です。

法律の改正は「いつから始まる」「いつ終わる（時限立法）」ということが明確に決まっています。法律改正の議論から「どのような方向に改正されるのであろうか」ということは比較的想像がしやすく、自社も対応の準備がしやすくなります。

■排ガス規制に対応する「日本ガイシ」の技術力

セラミックスで世界有数の技術力を誇る日本ガイシは、主に「自動車排ガス浄化用部品」の開発、生産を行っています。

自動車は世界中で販売される商品ですが、排ガスの規制については世界中でルールが統一されているわけではありません。

■ リスクを回避するためには、複数の情報源をもつ必要がある

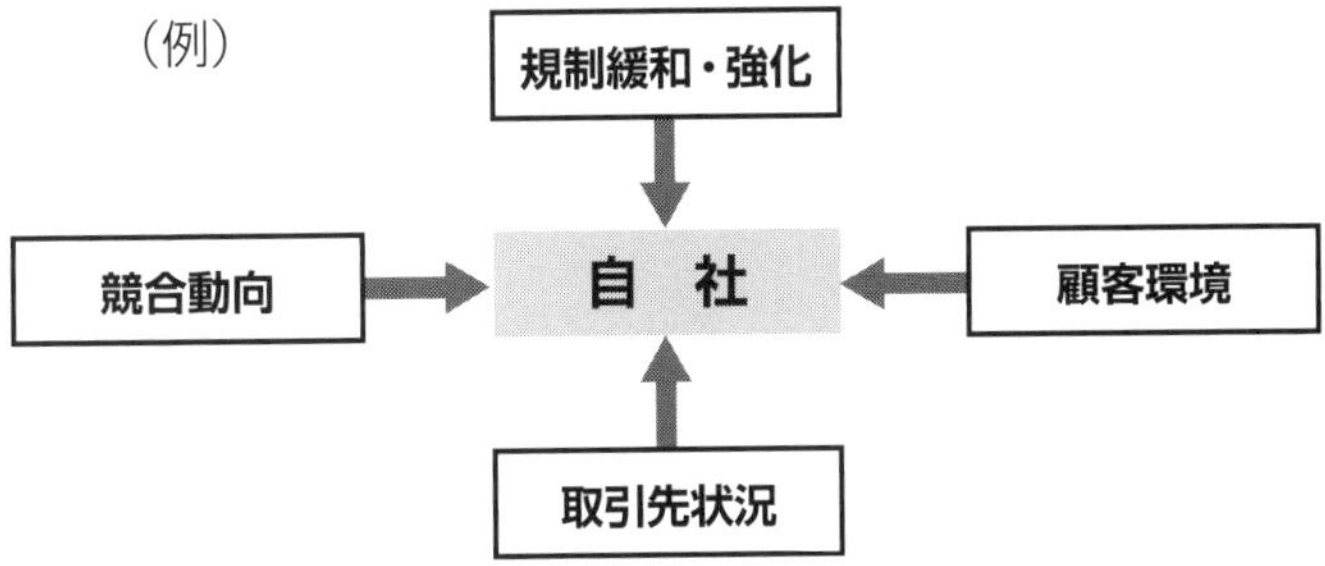

欧州のように「排ガス規制」が非常に厳しい地域もあれば、新興国のように経済の成長に配慮しながら規制を検討、実施している地域もあります。

そのため、企業は、取引する国や地域についての法律や規制等に精通していなければ最適な商品開発が実施できません。規制が決定してから商品開発をしているようでは、顧客ニーズに後れをとってしまいがちです。

商品開発と規制への対応を予測しながら市場ニーズに応えているのが日本ガイシの強みのひとつなのです。

■自社でしか対応できない技術力のある企業は強い

「『今回の法律規制、規制緩和』に対応できるのは自社しかない。自社が圧倒的に優位になる」というような仮説を立案することが、市場での優位性を保つうえでは重要な要因となります。

こうした活動が定着している企業は、商品販売において圧倒的に優位になることが簡単に想像できると思います。

■ さまざまな要因、市場環境の組み合わせにより「結果」が変化する

市場での「要因・環境」

- 法改正（とくに税法関連）
- 顧客ニーズの変化
- 市場環境
- 強力な「代替品」の登場
- 競合の不祥事（常に準備）
- 外圧、海外の環境変化
- 為替変動（自社の利益変化）
- 自社の経営環境

→

市場での「結果」

- ブランドスイッチが容易に
- 「代替品」の出やすい環境に
- 自社の強みが活かせる
- 他社にとって優位になる
- 取引先の発言権が強まる
- 参入障壁は低くなる

市場の変化は、さまさまな環境の組み合わせの結果である。

※たった一つだけの要因で「不景気が起こる（例）」ことはきわめて稀。たとえば「消費税に関する法律が改正された時期に、民間の平均給与が下がり為替が円安になったが、原材料相場は下落したことで○○という状態になった」という複眼的な視点をもたなければならない。

他の成功事例

ソニー

ソニーは1979年に大ヒット商品となる「ウオークマン」を発売。これにより音楽が「家族でお茶の間で楽しむ」モノから、「個人の趣味で楽しむ」モノに変化した。

以降の音楽は万人受けするモノからターゲットを明確にしたモノが多くなる。ウオークマンの登場は、こうした潜在的なセグメントごとの楽曲のニーズをあぶりだし、音楽のソフトの質そのものを大きく変化させたのである。

11 変わることができなければ会社は滅ぶしかない

――セブン-イレブンは徹底した変化対応で勝ち続ける

■まったく変わらない市場は存在しない

マーケティング活動を実施するうえで、絶対に忘れてはいけないことは「市場・顧客ニーズは常に変化し続ける」ということです。「昨日のニーズ」と「今日のニーズ」は異なることが多いと考えて対応することが重要となります。

前例を踏襲するだけの予定主義、コスト管理が最優先された予算主義等、自社都合で決定された予定……これらに顧客や市場等が合わせてもらえると考えてはいけません。

多少の改善だけではニーズに対応できないことは明白です。

■顧客の立場で変化対応し続けるセブン-イレブン・ジャパン

セブン-イレブン・ジャパン（以下セブン-イレブン）は「業界の常識」を疑ってかかり、チェーン全体の売上高日本一のコンビニエンスストアとなりました。

セブン-イレブンのはじめた「24時間営業」「おにぎり販売」「セブン銀行」等も流通業界からは否定的にみられていました。しかし、冷静に「将来」を分析した結果、市場に参入しました。いまや「おにぎり」は年間20億個以上も販売し（２０１５年）、金融関連事業の営業利益は４７２億円（２０１５年2月期）もあります。

また、「若者の利用が多い」と思われているセブン-イレブンですが、実は「50代以上の利用」が30％を超えています。高齢者もスーパーマーケットだけではなく、ちょっとした買い物はセブン-イレブンに行くようになったことが、こうしたデータからわかります。

■ 企業（組織）が市場で負ける主な理由

情報不足
➡ 市場、競合、自社の情報が正確でない

油断
➡「まさか」こんなことは起きないだろうという行動

過信
➡ ウチの商品は競合より良いという思い込み

セブン-イレブンの強みは、**顧客の立場を徹底的に考えたうえで「業界の常識」を否定し続けている**ことです。

「業界の常識」とは「業界の都合」であります。それを押し付ける企業は、変化のスピードが速い市場からは退場するしかないでしょう。そうした企業は顧客にとって迷惑な存在でしかなく、退場することで新たな企業参入が促進されます。その結果、市場が活性化して顧客の利便性は高まるとも考えられます。

■日常的に「仮説立案」を訓練しておく

「変化に対応する」ために最初にするべきことは、常に「世の中の小さな変化の芽」を探し続け「仮説を立てる」訓練を実施することです。たとえば「セブン-イレブン」は「働く女性が増えれば家事の時間が減少し、外食や惣菜等ですます層も増える」と予測し「おにぎり」を市場に投入しました。

こうした仮説立案の訓練が非常に重要になってきます。

■ どんな市場の変化が起こるのか予測

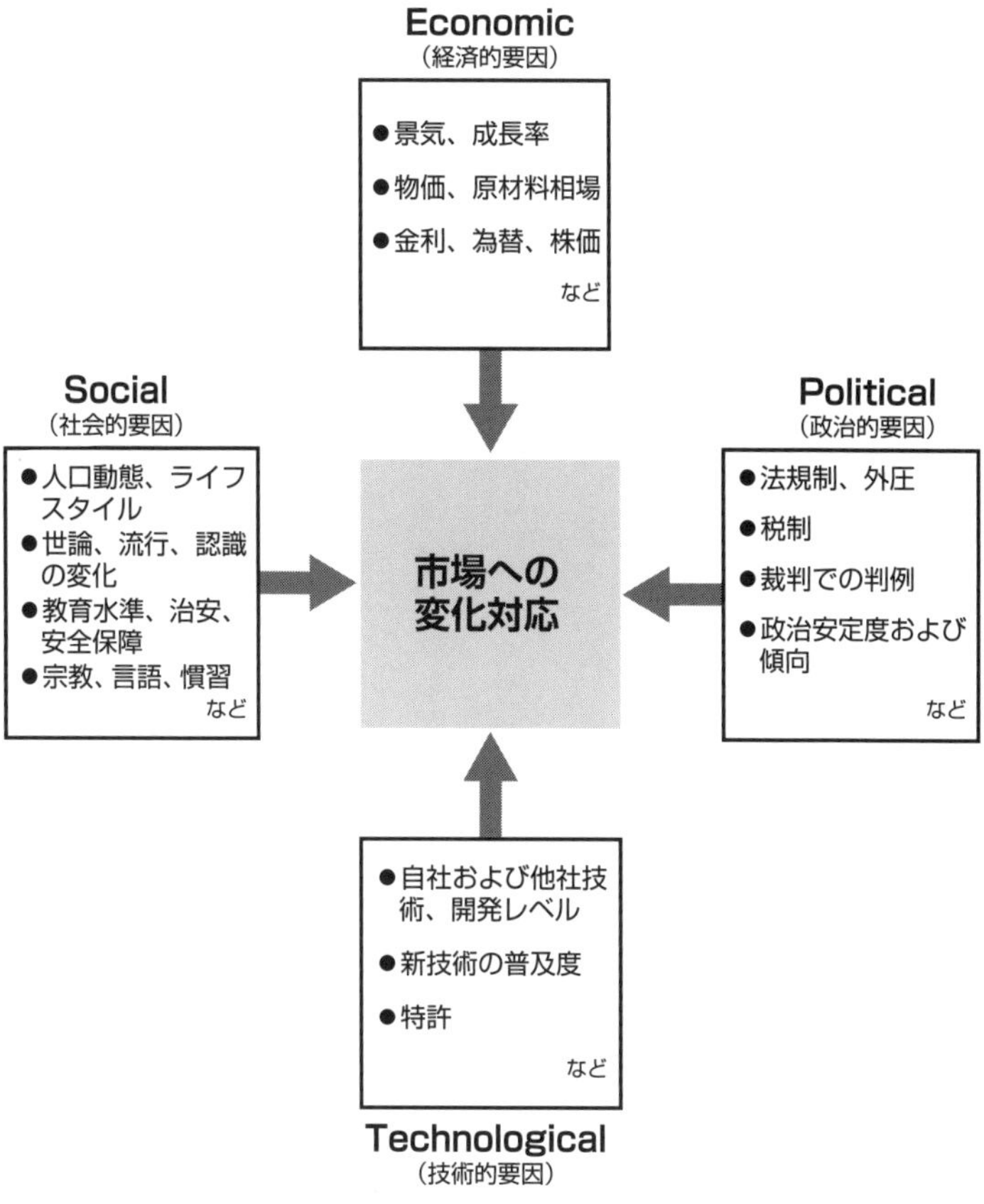

市場で起こる変化を予測して、
自社が他社よりも迅速に対応する

12 予測困難な「自社商品の代替品」が一番こわい

――ゲームの王者・任天堂はなぜ追い込まれたのか

■永遠に安定を享受できる企業（組織）は存在しない

マーケティングの仕事をしていると「どういった特色の会社が比較的安定していますか」という質問をよくいただきます。

個人的には「何の努力もしないで永遠に安定している企業」等は存在しないと考えています。

市場で生き残っている企業は、前項で解説をしましたように「市場変化に徹底して対応する」地道なマーケティング活動を実施した企業だけなのです。

では、市場で圧倒的なシェアを維持し、ブランド力を保有する企業が市場で苦戦する原因はどんな要素があるのでしょうか。

■ゲーム市場での絶対的な王者「任天堂」の誤算

2009年度「小型ゲーム機」市場で世界一のシェアをもつ「任天堂」は絶頂を迎えていました。年商は1兆8386億円を超え、営業利益は5553億円と営業利益率40%を超える高収益企業として、リーマンショックで混乱の世界経済において好調な業績は際立っていました。

しかし、2010年から6期連続で売上高が減少した任天堂は、その業績の立て直しを迫られました（その後、任天堂は2015年3月期には売上高5498億円、経常利益705億円まで利益が回復）。任天堂の業績はなぜ、このような苦境に立ったのでしょうか。

スマートフォンの普及が急速に進むなか、ゲームもスマートフォンで完結する消費者が増えてきました。

たとえば、2014年「ガンホー・オンライン・エンターテイ

■ 競合他社よりも代替品がこわい

例：スマートフォンのもつ「通話以外の『機能』」

メール・ネット閲覧 ⟵ パソコンの代わり
写真を撮る機能 ⟵ デジカメの代わり
時間の確認 ⟵ 時計・目覚まし時計の代わり
買い物時の支払い ⟵ 財布・小銭入れの代わり
携帯ゲーム機、SNS ⟵ 「他人との交流」の代わり
地図、料理本、書籍、新聞、クーポン ⟵ 紙媒体の代わり

※取って代わる機能

メント」という会社は、時価総額で任天堂を抜き話題となりました。この企業はソフトバンクグループのオンラインゲーム運営の会社であり「パズル&ドラゴンズ」というスマートフォンで遊ぶゲームを大ヒットさせました。任天堂のユーザーの一部がこうした企業のユーザーに流れたことは容易に想像できます。

■「代替品」よりこわい存在はない

こうした市場の推移ではありますが、この理由として任天堂が市場分析を怠るということは考えにくいのです。「代替品（この場合はオンラインゲーム）」に顧客の興味が一気に流れたととらえるのが自然です。

「わかりやすい競合」ではなく、先日までは想像もしていなかった企業が「余暇の過ごし方への提案（例：ゲーム）」という市場で**突然、自社の競合になった**からです。

「この代替品に対応するノウハウ」の構築は準備がしにくいため、市場では「代替品」は最も厄介でこわい存在といえます。

■ 自社のビジネスを阻害する5つの競争要因

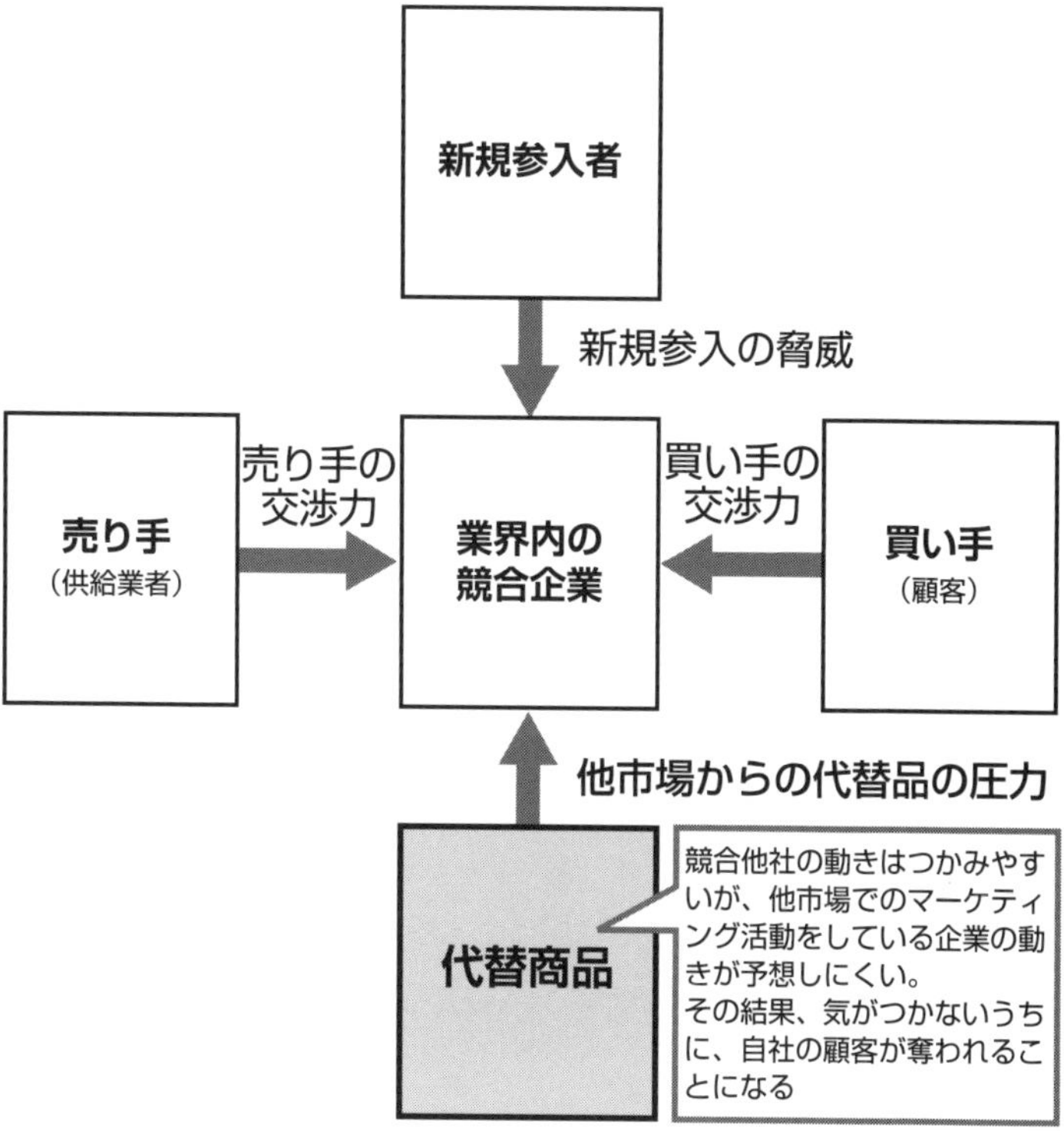

代替品への予測が準備できている企業が非常に強い。
これができれば情報収集体制の完成度が高いといえる

13 「捨てること」「やめること」を決める

——強い競合に対しても勝機は必ずある

■自社の経営資源を確認する

「マーケティング活動で最初にするべきことは何ですか」という質問を受けることがあります。

これは「自社の強み・弱み」「競合の強み・弱み」の確認だと考えています。これを最初に徹底して実施するべきです。

企業の経営資源には限りがあり、それをいかに有効活用するかも求められています。

まずは自社の経営資源を客観的に、顧客と同じ視点で分析するべきです。

「自社の強みは何だ？」と聞かれた時、すぐに回答することは難しいことだと思います。しかし、自社のことさえ満足に回答できないようでは、十分なマーケティング活動はできません。

■自社の強みを再発見する

３Ｃ分析の「自社と競合の強み、弱み」を分析する際には、何でもよいので、思いつく限りのことを自社の周囲の人たちも巻き込んで議論し、より多く列挙してみましょう。

作業をする際に、最初は一人でじっくり考えてみることも大切ですが、情報や視点は多ければ多いほどよいので、自分の部署の同僚、上司、部下も巻き込んで議論するようにしてください。

「なるほど、その視点があったか」という要素が、議論の際にどんどん出てくるようになれば、それだけでも会社がやるべき課題等の発見になります。

そして、議論をする際に最優先にするべきことは**「自社の強**

み」を徹底して考え抜くことです。

自社の強みは「競合と戦う」「顧客ニーズに応える」という際に、重要な「切り札」になります。「切り札」は多ければ多いほどよく、一枚当たりの「価値」も高いほどよいのです。

自社の強みで、市場で最も価値が高いモノは「自社に『しか』できない」「自社『だけ』保有している」等の項目です。

■ 強化の優先順位を決定する

また「弱み」については、そのすべてを迅速に「強み」にすることは不可能でしょう。自社の「弱み」は、自社を取り巻く、さまざまな環境から生まれているとも考えられます。

全分野で競合に勝つことは、どんな規模の大きな優良企業でも不可能だと考え、「ヤメルこと」「捨てること」「やるべきこと」を決定しましょう。そのうえで現在の自社の経営資源を考えて実施するべきことを明確にします。自社の弱みにとらわれ過ぎないマーケティング活動が重要です。

■ すべての要素を強くしようとすると経営資源が分散する

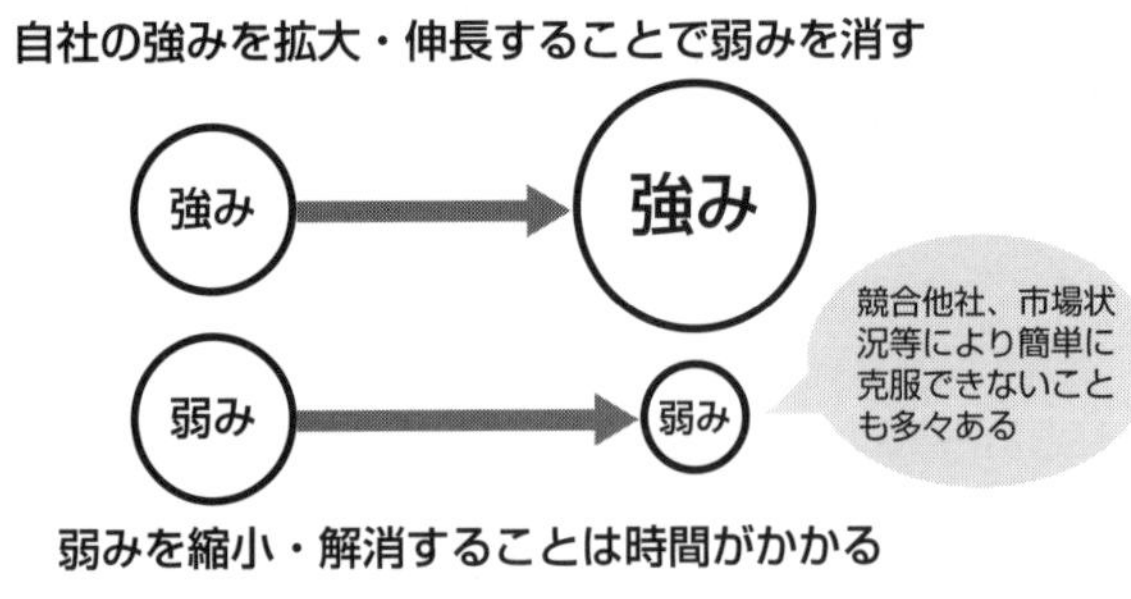

自社の強みを拡大・伸長することで弱みを消す
強み
強み
弱み
弱み
競合他社、市場状況等により簡単に克服できないことも多々ある
弱みを縮小・解消することは時間がかかる

■ 自社と競合の強み弱みを分析して、自社の強みで競合に勝つ

	自　社	競合他社
強み	**1**「自社にしかない強み」 **2**「自社だけがもつ強み」 **3**「自社が業界1位」 この3点を徹底して分析する。 ここが「自社の強み」となる	競合他社があまりにも強くて、簡単に対抗できないことは切り捨てる 【例】 (1) 規模（売上高）の大きさ (2) 資金力 (3) 商品開発力
弱み	「長期的視点」で強みにする項目を分析して、それに優先順位をつける 強化すると決めた分野に人材、モノ、カネ等を一定期間、投資する 「切り捨てる」という判断も必要となる。長期間、競合に勝てない分野は簡単には強くならない	「競合他社の弱み」は、最も時間をかけて分析しなければならない項目 ここが明確になると自社の強みを、さらに活かせる経営環境となる 徹底して自社の強みを引き立たせるマーケティング活動を競合他社に実行する

最優先すべきは「強みの確認」「強みのさらなる強化」

他の成功事例

エバラ食品工業

「焼肉のたれ」でシェア業界1位のエバラ食品工業は「焼肉のたれといえばエバラ」というイメージを消費者からもたれている。消費者がある特定商品をイメージする際には、シェアナンバー1企業が圧倒的に優位である。

また同社の「浅漬けの素」は、この市場においてエバラ食品工業「だけしか」消費者がイメージできない商品といっても過言ではない。

消費者が競合他社を想像できない商品は、市場においては圧倒的に強い。

自社・競合の分析②

この20項目で「強み」「弱み」をつかむ

——4ジャンルで分析。3項目は必ずチェック

14

■ 情報は定期的に更新する

前項で3C分析の「自社と競合の強み、弱み」の重要性をお話ししましたが、具体的に何をチェックするべきでしょうか。

具体的には73ページの図表を参考にしてください。このなかに競合の情報として把握していないことがあれば徹底して収集するべきです。市場・顧客、競合他社に対して有効なマーケティング活動を実施するためには、この20項目のうち1つでも多くの情報を集めて、その情報を定期的に更新するべきです。常に競合他社と比較できるようにしておきます。

情報は集めて満足するだけではいけません。その情報が古ければ、誤ったマーケティング活動をしてしまうことが多々あります。「集めて活用する」「更新しつつ新しい戦略を考える」活動を継続しないといけません。

■「キーデバイス」「代替品」「規模の経済性」の3点

20項目のなかで、とくに重要となるのは3点です。

たとえば、①「自社商品を開発する際、その心臓部にあたるような重要な部品（**キーデバイス**）」（**項目5**）が他社に依存して、自社で製造や調達をコントロールできなければ、自社商品の開発だけではなく、販売にも大きな影響を与えることがあります。

また、「キーデバイス」を他社から調達するとコストも高くなりがちで、安定的な調達もできないこともあります。

自社商品の②「**代替品**」（**項目9**）を開発できる企業の存在は自社の収益を計算する際に非常に大きな要素になります。

■ 自社が市場において勝てる「分野」「事業」

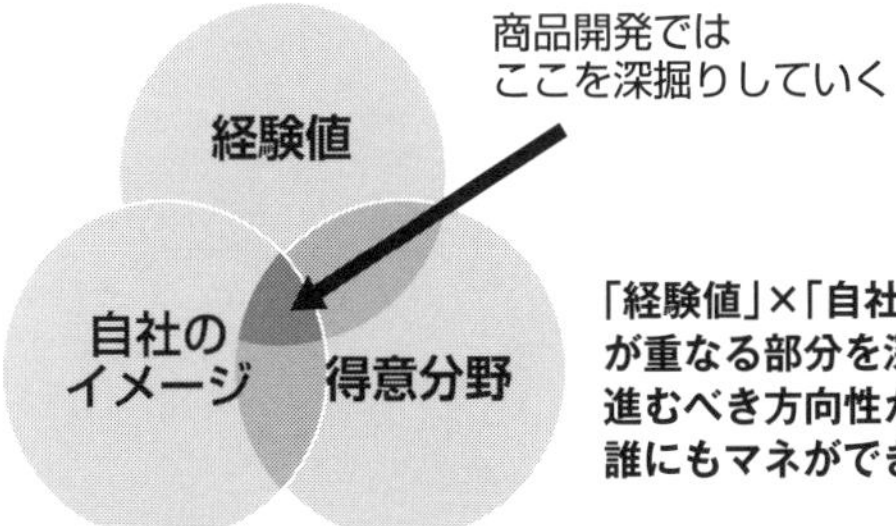

「経験値」×「自社のイメージ」×「得意分野」が重なる部分を深化させることで、自社が進むべき方向性が明確になる。これこそが誰にもマネができない分野となる。

「代替品の予測は難しい」と12項（62〜65ページ）で記載をしましたが、やはり何もせずに無為無策では、自社商品より「機能が優れた代替品」が市場に投入されると自社は一気に苦境に立ちます。しかし、自社商品の代替品の開発をすることが困難であれば、自社商品の優位性は、ある一定期間、続く可能性が高くなります。

最後に③「**規模の経済性**」（**項目15**）ですが、「自社ビジネスは大きければ大きいほど優位性があるかどうか」に注目します。

ビジネスには「規模の大きさが優位になるビジネス」と「影響が出にくいビジネス」があります。たとえば「素材」「金融」等は「調達量」が大きければ優位になりがちです。

その一方で、「ラーメン店」等は規模が大きければ原価は確かに低くなりますが、安いから繁盛するとは限りません。そのため、大手ラーメン店チェーンの近くで「価格は高いがおいしい、個人のラーメン店」が繁盛していることもあります。

この3点は最低限、確認・分析してください。

■ この20項目で競合との「強み」「弱み」を分析する

マーケティング	1 ブランドイメージ ※企業、商品、コンプライアンス
	2 マーケットシェア ※商品シェア、エリアシェアでも分析
	3 品質の評価 ※競合他社との比較において顧客からの絶対評価がある
	4 サービスの評価 ※顧客が望むサービスの把握、実施
	5 キーデバイス ※【重要な部品】の状況
	6 物流コスト・物流体制 ※売上高、売上総利益に占める物流コストの割合
	7 プロモーション効果 ※市場対応力があるか、顧客にアピールできているか
	8 営業力 ※顧客への提案力、案件の実行力
	9 商品開発力（代替品） ※競合他社は「自社の代替品となるほどの商品」を開発できそうか
	10 地域別の対応とフォロー ※地域支社、個人等の権限、スピード対応等
財務体質	11 人件費の負担 ※費用対効果が高ければ、社員の待遇は良いほうがよい
	12 収益性 ※商品・サービスごとの原価計算を厳密に実施
	13 財務安定性 ※資金繰り、自己資本比率等に問題がないか
製造開発力	14 設備投資 ※「将来」を考え適正な設備投資をし、利益が確保できているか
	15 規模の経済性 ※規模の大きさが圧倒的に有利な事業か否か
	16 商品開発力 ※「研究開発費」「基礎開発に使う資金」を競合と比較する
	17 社員の専門能力 ※現状の顧客、市場ニーズに対応しているか
組織人事	18 マネジメント能力 ※個々の戦闘能力、基礎能力は競合と比較して強いか
	19 社員のモチベーションの高さ ※仕事に対する評価制度、ルール
	20 組織力・意思決定のスピード ※ビジネスモデルに特異性がある

ビジネス現場でのツボ❸

「ある零細企業」の3C分析

――「ヒト、モノ、カネ」で負ける企業の情報収集

▼零細企業が有益情報をとるためにすべきこと

大企業は「ヒト、モノ、カネ」等で優位に立つと先に述べたが、情報収集でも当然優位になる。大企業同士やグループ企業との連携、政治や行政とのつながり等、挙げればきりがない。

そういった環境のなかにおいて零細企業はどのように情報収集を進めるべきなのだろうか。

ここでは零細企業の情報収集の成功事例を紹介したいと思う。

▼「情け」に「報いる」のが情報である

情報とは「情け」に「報いる」と書く。

読んで字のごとく、相手に良くしてもらったら、それに対してお返しをするというスタンスである。ビジネスで報いるのは「金銭的な対価」だけではなく、「次のチャンス」「継続的な取引」等、多種多様な報い方がある。

そのなかには当然「情報提供」も入るのである。

「良い情報」を顧客に提供することで、顧客からも良い情報をいただくという仕組みを作ることが重要である。

「何かをしてもらったら、それに対してお返しをする」というスタンスをもち続けることが、相手から大きな信頼を得ることになる。

これを実行するためには、常に「顧客が欲しい

情報」に対してネットワークを張り続けなければならない。

「利益に直結する情報を収集することができる環境」を日ごろから作ることが、零細企業には重要である。こうすることで顧客接点も増え、マーケティング活動全体で優位性を構築できる。

▼自社の弱さが気になったらどうするべきか

しかし、零細企業は大手競合他社と比較すると経営資源で劣ることが多いので、「自社にはなく、競合にある機能」が気になる。

その場合、「自社がもたない機能」については割り切って「ないものはない」として考えるべきである。

単純に考えれば大企業でもすべてがあるわけではない。ないからこそ、下請けといわれる企業に業務を依頼するのである。

自社がもっている機能を確認して、できることから何でもやるというスタンスをもてばよい。

そのためには、情報収集に割く時間を決めて、**それこそ細切れの時間をうまく活用して、顧客が欲しい情報を徹底して集める**ことが重要である。

たとえば、毎日、土・日も欠かさずに新聞を20分熟読するだけでも非常に多くの情報が入る。

しかし、新聞の熟読を多くのビジネスパーソンが実行していないことは、毎日の通勤電車で新聞も読まずにスマートフォンをいじっているビジネスパーソンの多さからも理解することができる。

この実行だけでも大きなチャンスとなるのだ。

▼だれにでも良いところは必ずある

また、どんな企業にも「良いところ（強み）」

は必ずあると著者は考える。

「自社の良いところ」をどのように情報収集に活かすか、「それに気づくこと」が大切である。

そして顧客に提供した情報に対して、顧客から「そういう見方があったのか」という意見を頂戴できるような関係になれば、顧客はあなたからの情報を待ち望むような状態になる。

「気づき」を顧客に与えることができれば、自社は、相手にとって貴重な取引先になるであろう。

常に「顧客が欲しがる情報」「自社のビジネスで活用できる情報」を収集する行動をしなければならない。

▼零細企業は独自の情報収集の軸をもつべき

たとえば、「●●が○○円になったら売り手が優位になっている証拠」等、自社業界に深くかかわる事象を探すことをしなければならない。

こうした軸をできれば複数もつことで、自社の情報収集が効率化されて、今後の市場に対しての仮説が立てやすくなる。

▼「お前の代わりはいくらでもいる」

顧客に継続して価値を提供できない会社は、「お前の代わりはいくらでもいる」というような態度を顧客からとられることにもなる。

取引の継続を希望する会社は、価格面等での譲歩をすることになるだろう。

しかし、それでは利益を確保できない。価格だけの競争にならないためにも**「顧客にとって価値がある情報」**を常に探し、ストックして自社のビジネスに活用するべきである。

第4章

STP分析で
戦略の中身を決める

ここが活動の心臓部。
この3つの質をいかに高くするかが知恵の見せ所

15 STPの重要性をしっかり理解する

――STPが明確な企業ほど儲かりやすい

■マーケティング活動の背骨

ここからいよいよ核心にせまっていきます。

STPの「S」とは「セグメンテーション」の略であり、「市場を細分化する」ことです。

「T」は「ターゲティング」の略であり、「細分化した顧客」のなか、どの顧客を狙う（選ぶ）のかを明確にする行動です。

そして最後に「P」ですが「ポジショニング」の略であり、その市場での自社の立ち位置を決定することです。この立ち位置ですが「業界最大手」「高付加価値商品」というようなこと

■ STPとは…

S……Segmentation「市場の細分化」

T……Targeting「顧客の選定」

P……Positioning「市場での自社の立ち位置の決定」

だけではなく、「**○○（具体的な商品・サービス）といえば○○社**」というイメージを顧客にもってもらうための活動と理解していただけるとよいかと思います。

■ STPの構築なしには何もできない

「顧客（ターゲット）を決定しないで営業に行くこと」が可能かどうかを考えてみてください。

それは非現実的な行動です。たとえば、プレゼントをしようとした際に「だれ」にプレゼントするかで購入するモノ、予算、時期は変わります。営業活動も同じで、「だれ」に売るかを明確にせずに、「売るモノ」を決定することは不可能です。

商品を作ってから、それを必要とする顧客を探す企業がありますが、そんないい加減なマーケティング活動では収益は安定しません。仮にその手法があたったとしても、それは単なる偶然である可能性も高く、その手法が永遠に有効であることはないでしょう。

■ マーケティングとは「だれも気づいていない、顧客の多い市場を探すこと」

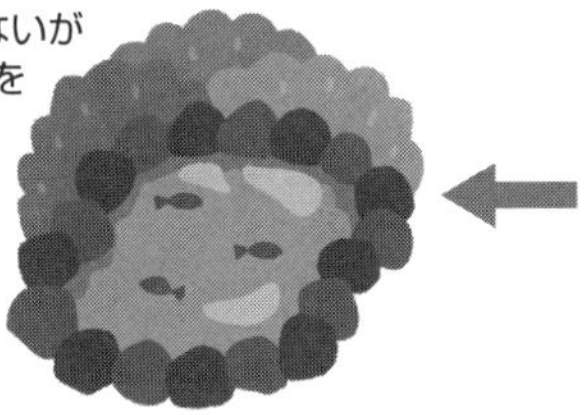
だれも気づいていないが「魚が多くいる池」を探す
現場での「思いつき」を客観的数値、素朴な疑問から「なぜそうなのだろうか？」と考え抜くことで、この市場が見えてくる

顧客が明確な企業ほど収益性が高い

――高級食品スーパー「**成城石井**」は高いのになぜ売れる？

16

■販売している「相手（だれ）」がわかりやすいか

消費財、産業財問わずにいえることですが、顧客が「この企業は自分が欲しいモノを売っている会社だ」と理解してくださると、マーケティング活動は非常にやりやすくなります。

言い方を変えれば「だれをターゲットにしてマーケティング活動をしているのか」。

顧客に理解されにくい企業は、きわめてマーケティング効率が悪い状態にあると理解してよいでしょう。この状態は**「その企業が何をしたいのか」が不明瞭になってしまう**ので、絶対に避けなければなりません。

■ 都心部の富裕層向けに品揃えする「成城石井」

「顧客が明確な会社の代表例」として、高級食品スーパーの成城石井があげられます。

成城石井は「都心部の富裕層」が欲しい商品を品揃えして、店舗を展開しています。その店舗数は100店を超えました。しかし、「都心部」「富裕層」という切り口でターゲット（狙うべき顧客）を明確にしているために、際限なく日本全国に出店し続けることは難しいと思われます。

成城石井が販売する商品の価格帯は一般の食品スーパーと比較すると高い価格設定になっています。しかし、その価格帯をターゲットである顧客層が許容範囲とすればまったく問題ありません。

その価格設定で顧客層が明確になれば、同じ目的で買い物をする人たちに店舗の空間が占有され、**「非常に優雅な空間」と**

■ 自社が狙うべき顧客を「セグメント(細分化)」する

（例：成城石井）

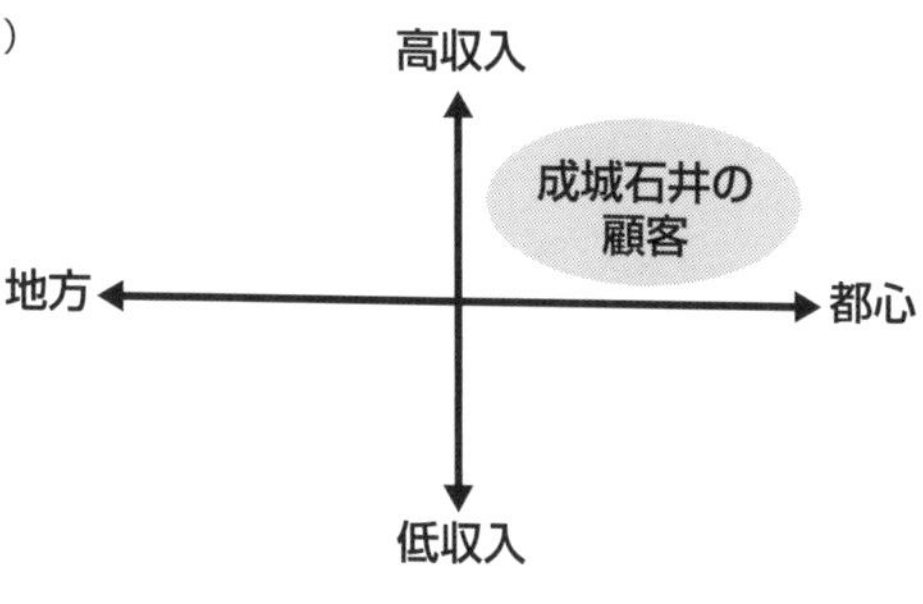

いう付加価値も顧客に提供することが可能となります。

成城石井の出店は富裕層が多い地域に実施し、その地域に居住する消費者をターゲットにしています。販売する商品や価格帯も富裕層向けにすることで、成城石井で買い物をしたい消費者だけを集客しています。

■「ターゲット（顧客）」を決めないと何もできない

企業が実施するマーケティング活動における「商品の品揃え」「価格帯の設定」「出店エリアの決定」「販売促進」等は、顧客が明確になっていなければ決定することはできません。「顧客はだれなのか」「この商品は自社のどのような顧客を想定してつくられたものなのか」「自社の顧客にはどのような販売促進が有効なのか」を考えることは重要です。

成城石井の業績は売上高631億円、営業利益46億円（2014年12月期）と業界屈指の高収益企業です。（通常のスーパーは2％程度の利益率のところ、成城石井は7・3％）

■ ターゲットとする顧客が存在する市場で常にビジネスを展開する

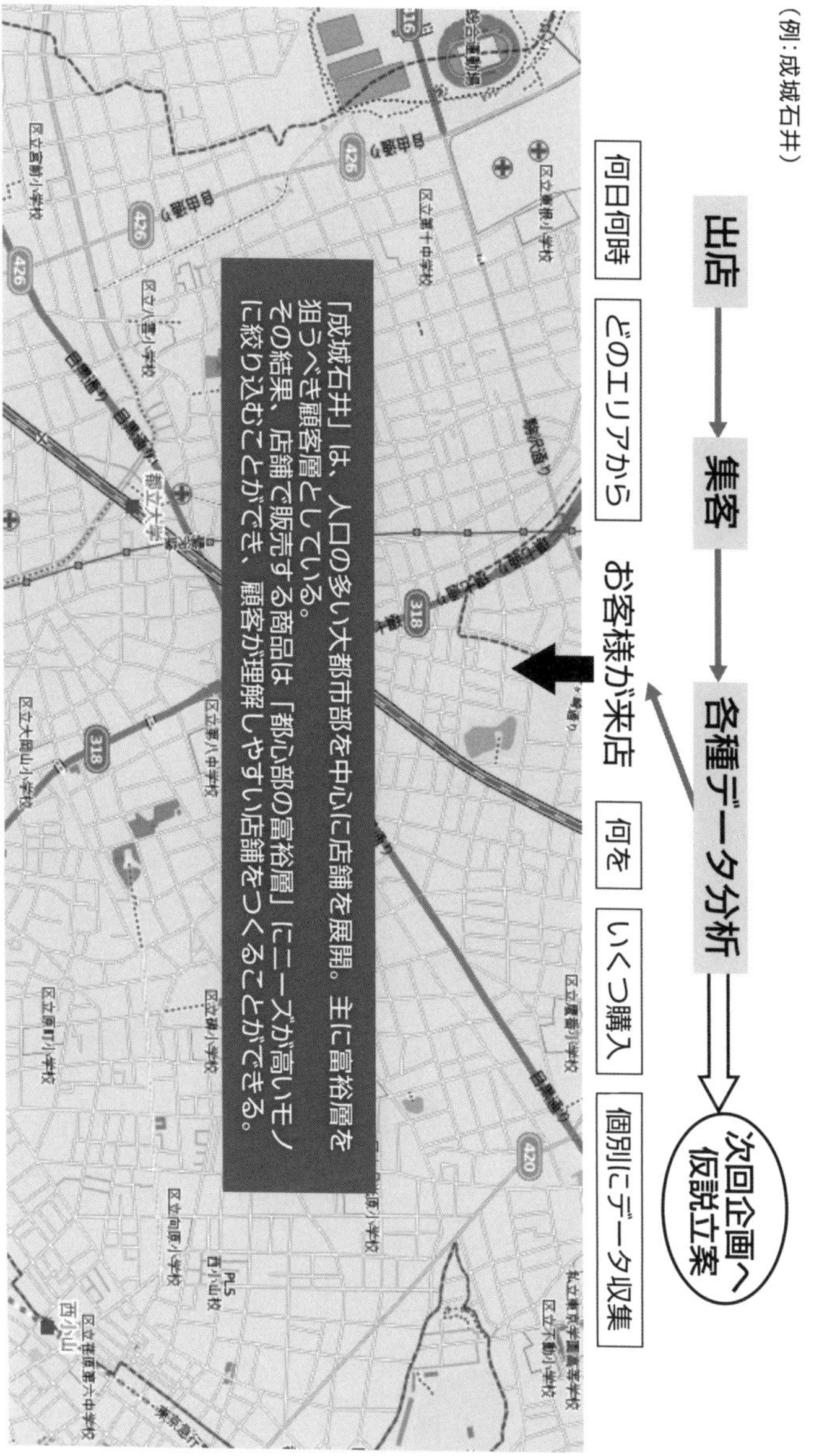
（例：成城石井）
出店
集客
各種データ分析
次回企画へ仮説立案
何日何時
どのエリアから
お客様が来店
何を
いくつ購入
個別にデータ収集
「成城石井」は、人口の多い大都市部を中心に店舗を展開。主に富裕層を狙うべき顧客層としている。その結果、店舗で販売する商品は「都心部の富裕層」にニーズが高いモノに絞り込むことができ、顧客が理解しやすい店舗をつくることができる。

顧客データを理解して、次回の仮説を立案、実行する

「盲点市場」にアプローチする

——作業服販売ナンバー1「ワークマン」のすごみ

17

■競争相手の行動に常に疑問をもつ

かつて著者が在籍していた流通業界では、総合スーパーの経営をしていた大企業の多くが、「銀座に百貨店を出店」することを目標にしていた時期がありました。

日常の商品を販売する企業にとって、「規模の拡大」という目標を達成した後に「ステイタス」を目指すことは自然の成り行きであったのかもしれません。

しかし、そういった空気が蔓延していた業界において、都心部に背を向けて「日常の」「地味な」、しかし「大きなニーズ」

のある市場に目をつけていた企業があります。

それが「作業服」を中心に衣料品を販売している市場において最大手の「ワークマン」（売上高484億円、経常利益95億円：2015年3月期）です。

■市場と競合との「盲点」が最も利益が稼げる

ワークマンは日本全国に数多くある衣料品チェーンにおいて経常利益率が20％を超す利益率ナンバー1企業です。

利益率が高い理由は、**同規模の「競争相手」が市場に存在しない**からです。この市場には体力のある大手流通業の参入がなされなかったため、先行して市場に参入して圧倒的なシェアを確保することに成功しました。

この市場は都心部をみていた競合他社にとって、まさに「盲点」であったといえます。この市場に気づいた会社は、ほかにはありませんでした。

■「衣料品」の顧客セグメンテーション事例

買い替えサイクル	価格重視	ブランド・機能重視
短い	使い捨て感覚の顧客	トレンドを追う顧客
長い	来店頻度の低い顧客	忠誠度が高い顧客

商品の何を重視するか？

■客観的な数値で市場を分析する

　ワークマンはなぜ作業服の市場に参入したのでしょうか。

　ワークマンは群馬県にある大手流通業「ベイシアグループ」に属します。グループには「ホームセンター業界（単独）」で売上高、経常利益高日本一のカインズ（売上高3871億円、経常利益272億円：2015年2月期）もあります。

　そうしたことから地方市場の状況には明るかったことも想像できますが、そうした企業は他にも多数存在します。

　ワークマンは徹底して市場分析した結果、そこに「だれも気がついていない大きな市場」があると予測したと考えられます。ワークマンの創業は1982年ですが、1997年頃の建設業ピーク時には建設関連事業だけで約700万人が作業服を着て仕事をしていたと思われます。

　なお、ワークマンは「農作業の従事服」や「普段使いの洋服」等、提供する用途を増やし顧客を拡大しています。

■ 競合他社の行動に惑わされず「有望市場」を徹底して探す

（例：ワークマン）

「有望市場」はどこにあるのか？

- 個人的な感情で動かない（カッコよく見られたい等）
- 客観的な数値を参考に行動指針を立案する
- 目立つモノ、華やかなモノが最良とは限らない
- 自社だけしか気がつかない市場は最良の可能性もある
- 現場を見て、その商品の使用方法・場面を確認する

他の成功事例

ハウス食品

家庭用即席カレーで国内シェア1位のハウス食品は、「ウコンの力」という商品を2004年に発売し、同カテゴリーでもシェア1位を保持している。

この商品は「二日酔いが楽になったらいい」というニーズに対して、新しく創造されたものであり「他社のシェアを奪い取る」という発想はない。まさに「だれも気がついていない盲点の市場の創造」といえるマーケティング活動である。

18 自社にとっての「お客様」の定義を明確にする

――儲からない取引先への営業はやめるべきか

■自社は「顧客の定義」が明確になっているか

「なぜ我が社は儲からないのか、利益が確保できないのか」

こうした悩みを抱えているビジネスパーソンも多いかと思います。儲からない理由を突き詰めていくと、顧客選定が間違っていることが多々あります。

「本来であれば付き合うべきではない顧客」と付き合うことで現場が疲弊してしまうことがあります。

「自社にとって顧客はだれ（どの企業）なのか」「どういった顧客にアプローチをしたいのか」を明確にすることで初めて、

■ 自社商品は「だれ」がターゲットなのか常に把握しておく

（例：男女年齢別）

男	女
65歳以上	65歳以上
30歳以上	15－64歳
22－29歳	
15－21歳	
0－14歳	0－14歳

「そのターゲット顧客に何を販売しようか」「いくらの販売価格で売ろうか」という発想が出てきます。

■「儲からない取引先」とはどう付き合うべきか

仕事柄、著者が（とくに営業の方からは）よくいただく質問があります。

「利益を確保できない顧客と付き合うことは意味があるのか」

「儲からない顧客との取引はやめてもいいのか」

これは古くて新しいテーマといえます。言い換えれば、会社にとっては永遠のテーマともいえます。

個人的な意見ではありますが、**「継続して利益を生み出さない顧客」との取引は「ヤメルべき」**だと考えます。

やはり、ビジネスを発展させるためには安定した利益を確保しなければ会社は存続することができません。そのためには「儲かる」という単純な視点ではなく、一定の利益を確保できる顧客と継続して良い関係を保つ必要があります。

では、どのように顧客を選別するべきなのでしょうか。

■「自社が狙うべき本来の顧客」を明確にする

「顧客選別など無理だ」
「せっかくの顧客を逃してしまう」

　こういう意見も根強いかと思います。著者は何も不要な顧客をあぶりだし、追い出せといっているわけではありません。

　大切なことは「自社の販売している商品、価格」等を明確にして、それを**「本来ご購入していただきたい顧客」にわかりやすく伝える**ことが重要といいたいのです。

　こうしたビジネスモデルを構築できれば、収益の確保がしやすくなります。自社が狙うべき本来の顧客以外へのアプローチを最小限にし、自社のターゲット顧客に徹底してアプローチする体制を企業は整えるべきでしょう。

　自社に利益をもたらす顧客を探すのがターゲティングの極意といえます。

■ 商品・サービスを絞ることでターゲット顧客のニーズが明確になる

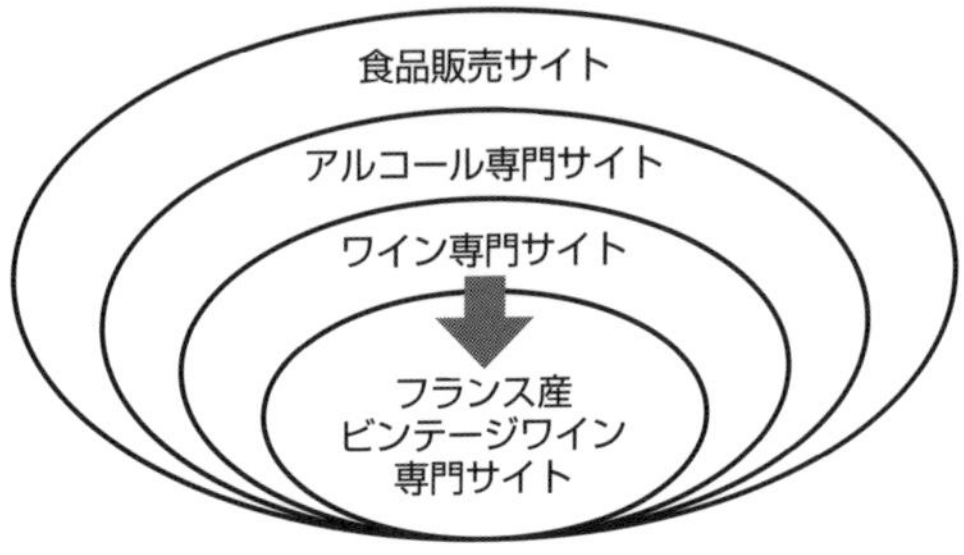

■「マーケティング活動」の効果をより良くするポイント

＊下記の課題への対応方法について準備の有無を確認する

- □ 「売れるけど、儲からない顧客」への対応方法はあるか？
- □ 「うるさいけど、儲かる顧客」への対応方法はあるか？
- □ 「少ししか売れないけど、利益率の高い顧客」への対応方法はあるか？
- □ 「儲からない顧客」との取引停止後のマーケティング活動の準備はあるか？
- □ 「利益確保」の厳しい「販売力のある企業」への対応策は明確か？
- □ 「狙うべき富裕層」に対して明確な基準があるか？（消費財等）
- □ 「あらゆる顧客」との「取引コスト」を低くするノウハウがあるか？
- □ 顧客の感じる公平性、納得感を自社は提供できているか？（「要求が多い顧客」にはそれに応じた費用負担を求める。「要求が少ない顧客」にはその費用負担を減らす）

自社に関係のないチェック項目があったとしても一つひとつを見直し、顧客に対してのマーケティング活動の手法を明確にする。

19 大手と同じ土俵に立ってはいけない

――10円駄菓子「**うまい棒：やおきん**」の成功が教えること

■ 大手競合が「やりたがらないこと」にヒントがある

著者が好きな菓子に「やおきん」（2015年5月期：売上高148億円）から販売されている駄菓子「うまい棒」があります。20種類もの味があり、多くのスーパーマーケットやコンビニエンスストアで販売していることから手軽に購入できます。

うまい棒は味がおいしいことも素晴らしいのですが、なんといっても、その**魅力は1本「10円」という価格**に尽きます。

原材料高騰や物流コスト、人件費の増加を考えれば、30年以上も「10円」という価格で販売することは大変な努力が必要だと思われます。

また、単価が低いので1日200万本も販売したとしても利益の絶対額もさほど大きくならないことも考えられます。

こうした、ある意味、「**効率が悪い**」ことを、やおきんはなぜ続けるのでしょうか。

それは、この市場は大手企業にとって「やりたくない市場」だからです。

■「大手企業の作った市場」に安易に乗らない

会社は規模が大きくなればなるほど、効率性を求めがちになります。また、規模が大きくなればなるほど、少しの改善で大きな効果がある業務（たとえば物流や広告宣伝等）もあります。

しかし、**大手が狙う**のはその企業規模に見合った市場でなければならないことから「潜在的に大きなニーズがある市場」が多くなります。また、各社が広告宣伝費を大量にかけますので「**目立つ市場（とくに消費者向けのビジネス）**」が狙われがちです。

■「目標とする売上高を確保できない市場」には大手企業は参入しない

売上高 ＝ 数量 × 単価

「やおきん」の「うまい棒」は
「強い大手企業が入りたがらない市場」を創造した

そうなると、そこで展開されるシェア争いは「パワー対パワー」の戦いになります。目立つ市場に大量の広告宣伝を実施して、多くの営業マンを活動させ、最後は資金力がモノをいう市場になりかねません。

■市場を自分でつくった企業が圧倒的に強い

やおきんは、売上高が自社の10倍以上の大手菓子メーカーが創造した市場には参入しませんでした。「効率化」された「規模の経済性」が働く市場だったからです。

やおきんのスゴイところは、「10円の駄菓子」という市場を自社でつくりあげたことです。そして、この市場は「面倒くさい」「非効率的」「単価が低くて儲からない」ので、大手企業にとっては参入してもメリットがありません。その結果、「10円の駄菓子市場」はうまい棒が君臨することになるのです。

ビジネスは勝てる土俵で勝負してこそ、意味があるのです。

■「面倒くさい」「効率的でない」「単価が低い」「儲からない」は大きなチャンス

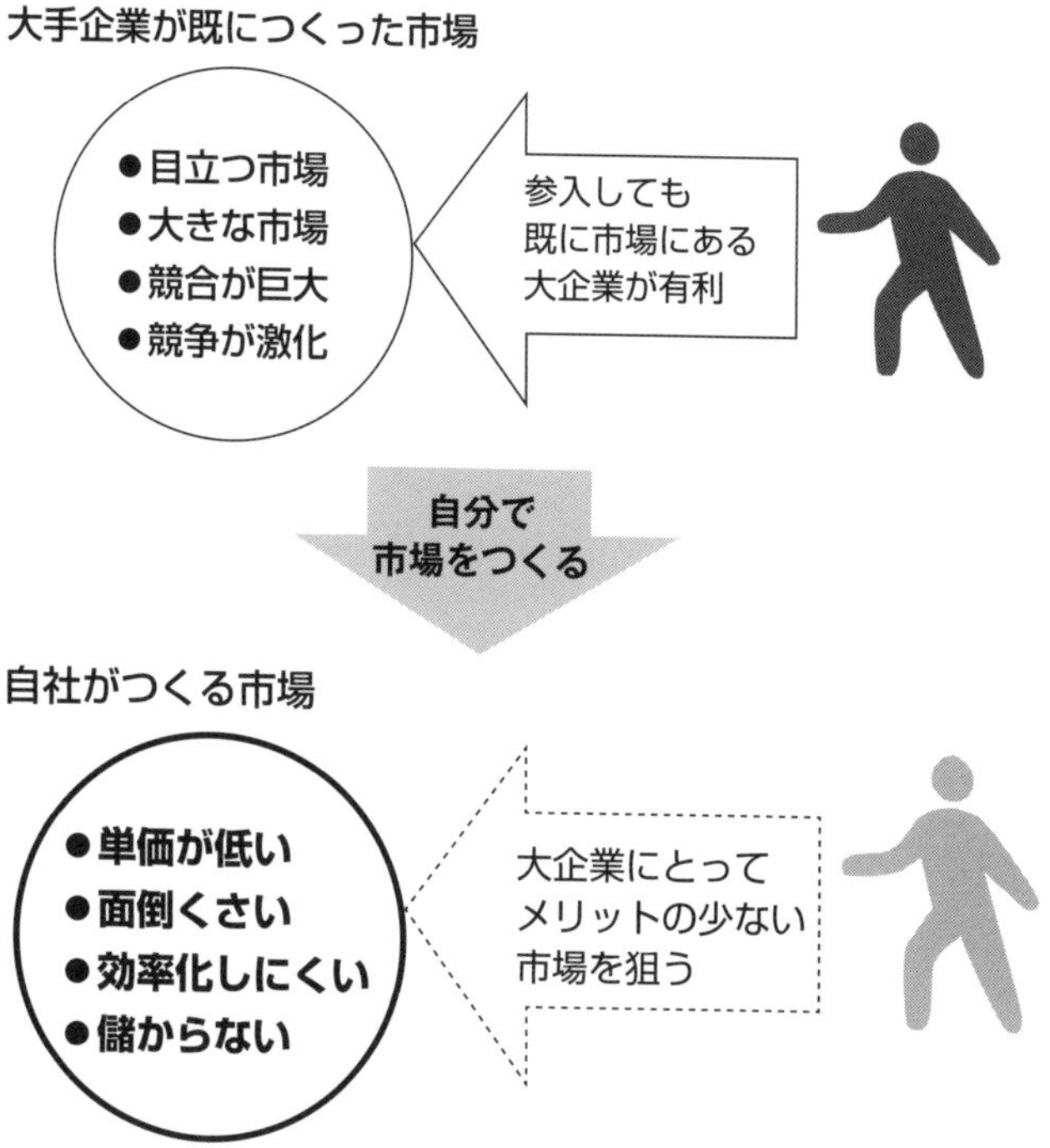

他の成功事例

アークスグループ

北海道、青森県、岩手県の3道県でシェアナンバー1を誇る売上高約5000億円の食品スーパーのアークスグループは、厳冬、高齢化等の課題を抱える地域でビジネスを展開。この地域は首都圏と比較すると人口も少なく、物流費等のコストが余分に必要で、儲かりにくい地域だからこそ、大手競合他社の参入は簡単にはうまくいかない。

成長市場ではない地域では「ナンバー1」の存在価値がきわめて大きくなる。

立ち位置（ポジショニング）の決定①

20 自社より大手の企業とは直接競合しない

――旅行予約サイト運営「一休」は「非日常の高級」を貫く

■「小さな市場」は、大手は参入しにくい

前項の「うまい棒」の「やおきん」のように、「大手が参入しにくい」市場をつくるのは、中堅規模以下の企業には参考になると思います。

「大手が参入しにくい」という点では、高級ホテルのネット予約サイト「一休．ＣＯＭ」を運営する「一休」が開拓した市場もその一例といえます。

なぜならば、ホテルは圧倒的にビジネス需要が多く、高級ホテルに宿泊するという市場は、その40％程度の需要しかありま

せん。市場が大きくないため、それだけに特化してビジネスを展開した場合には、大きな売上高を急激に求めることが難しくなります。

現在、大手企業が展開している事業と比較し**「大きくなりにくい市場」は、中堅企業が攻めるには「狙い目」**といえます。

■ **客単価の高い旅行予約サイト「一休．ＣＯＭ」**

「一休．ＣＯＭ」で顧客が予約するホテルの一部屋の単価は２万６０００円程度と、同業他社の５０００円程度と比較すると非常に高額となります。セグメンテーションが明確なために、顧客は「一休．ＣＯＭ」には「安さ」はさほど求めません。

それよりも、一休でしか予約できない高級ホテルや、一休限定で提供される高級ホテルのサービスという付加価値を求めます。

一休が提供するサービスは「非日常の高級」というコンセプトが明確であり、顧客もそれを理解しているため「価格の安さ」だけを求める客層の排除に成功しています。

■「一休.com」は大手旅行予約サイトとの違いを明確にしている

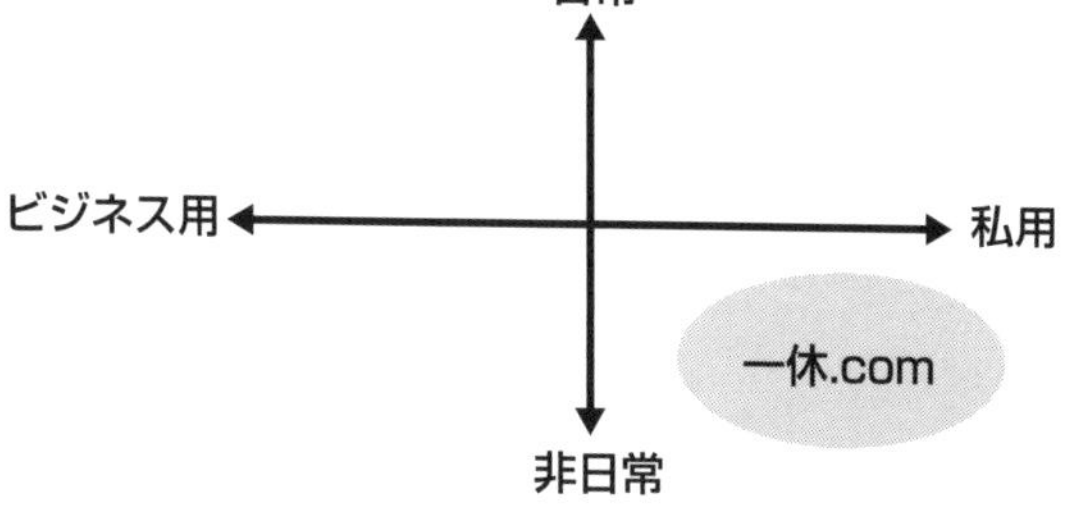

■大手企業から自社のブランド力を守る

一休は、旅行予約サイト最大手の「楽天トラベル」等との直接競争を避けるマーケティング活動をとっています。

一休は高級レストランの予約サイト（ここでもコンセプトは「非日常の高級」）も展開していますが、これも「ぐるなび」等の大手サイトとは差異化を図っています。

一休が展開するサービスは徹底して「非日常の高級感のある市場」にターゲットを絞り、その結果、売上高66億円、経常利益22・7億円（2015年3月期）、営業利益率34・3%ときわめて高い利益率を確保しています。

市場において大手とはいえない企業がマーケティング活動で最もやってはいけないことがあります。「**何も考えずに最大手の戦略のマネをする**」ことです。これは最大手のつくった市場に安易に参入することを意味し非常に不利な状況となります。

一休はそうしなかったことが、成功の要因なのです。

■ 行動パターン・使用場面・時間軸で競合他社との差異化を明確にする

- 「オン」「オフ」（「ビジネス用」と「私用」）による使い分け
- 「ハレ（非日常）」「ケ（日常）」による使い分け
- 消費の種類（「衣」「食（外食）」「住」「遊」「学」）の使用金額の変化
- 24時間（「朝」「昼」「夕」「夜」）の生活パターンの変化
- 「日」「週」「月」「季節」「年」「生涯」等の購入頻度
- 「大きい」「中くらい」「小さい」「極小」等の商品の大きさ別による使用場面
- 「うすい」「厚い」「口紅型」「ノート型」「手帳サイズ」等の形態別による使用頻度
- 「顧客」と「自社」との「専門知識、経験、購入頻度等の【差】」の程度

「一休」は「私用で使う非日常」のホテルを提供するというポジションを確立

「安さ」「利便性」等というキーワードで競争をしているわけではなく、顧客もそれらを求めていない。顧客と商品・サービスの提供企業とが「同じ方向」を向くことで良い関係をつくることができる。このような関係が構築できれば、お互いの「費用対効果」は最大になる可能性も高い

立ち位置(ポジショニング)の決定②

21 顧客に自社機能をもたせない

――顧客にとって必要不可欠な関係を築く**植松電機**

■売上高が中堅以下の企業が採るべきポジショニング

企業経営においては「自社」を安定して存続させることは非常に重要なテーマとなります。

そのためには「○○といえば○○社」という「商品・サービス」をもつべき……と前項で解説をしましたが、これはそう簡単なことではありません。

ある特定の商品やサービスの名前を出した際に、多くの顧客が思い出せる企業はせいぜい2、3社といわれています。そのなかに自社が残ることは、そんなに簡単なことではありません。

それでは多くの中堅以下の会社は顧客に対してどのようなマーケティング活動を実施するべきでしょうか。

■顧客の業務をできるだけ自社に取り込む

北海道の赤平市に「ロケットの部品」等を製造する「植松電機」という会社があります。実質的な経営トップである植松努専務は講演会等でも非常に人気があり、植松電機の知名度は向上し、人材採用等の面でもブランド化の効果を上げています。

著者は植松努専務の講演を聞きましたが、「中小企業の戦略はこれだ」と気づいたことがあります。

近々ある講演のために「中小企業は顧客にとって、どんな存在になるべきか？」というテーマを考えていたのですが、その時、著者は〝中小企業は「消費財、産業財」等の業種業態を問わずに、自社は「その顧客（取引先）にとってなくてはならない存在となるべきだ」〟と結論づけました。

顧客に長年にわたり継続して取引をしていただくことで自社

の収益は安定します。では、どのようにして自社をそうした存在にすることができるのでしょうか。

それは「自社の機能」を「顧客では対応できない状態」にすることです。それを植松努専務は「『顧客の業務』を自社でできるかぎり何でもやり顧客負担を減らす」と表現していました。

■「自社の機能を顧客がもつメリットはない」と理解させる

その顧客（取引先）にとって必要な機能（たとえば、特定部品の製造）を自社がもてば、自社は顧客から継続的な収益を確保できます。しかし、顧客が「コスト削減」等を目的として自社が提供する機能の内製化を図れば、自社は大打撃を受けます。

顧客に自社機能の内製化を図らせないためには、そのための設備投資等にはメリットがないと理解させることです。

しかし、「顧客が簡単にマネできる機能」の提供しか自社ができなければ、継続した取引は実現できないことも、自社は同時に理解しなければいけません。

■ 顧客に「自社の提供する商品・機能をもたせない」メリットは大きい

1 自社商品が継続的に安定して売れ続ける可能性がある（競合、代替品には注意）

2 顧客（取引先）がノウハウを構築しなければ周辺業務の取引が発生する可能性もある

3「自社がないと会社運営に支障がある」のであれば、交渉等が不利にならない

顧客には「自社が提供している商品・機能は簡単にマネできる」と思われてはいけない

■ 顧客に自社の分野は投資をしても無意味だと思わせる

1 顧客が自社の事業分野の内製化を図る動きがあるかを確認

- 初期投下の金額が、自社の取引先にとって負担が可能かどうかを確認する。
- その金額が投資可能の場合には、常に取引先の動きに目を光らせる。
- 取引先には、投資金額が多く、それを実施することは非常にリスクが大きいと理解させる。

「内製化=コスト削減」とは単純にはならないという説得は日常的に実施する

2 ノウハウは簡単に構築できないと知らしめる

- ノウハウの構築に時間がかかり、それに対応する人材も必要となると認識させる。
- 「市場の変化に対応しながら、ノウハウを構築する」不確定要素が存在することも知ってもらう。

ノウハウ構築に失敗した場合、投資リスクがあることも顧客に理解させる

3 自社のビジネスを内製化しても顧客にはメリットはないと納得させる

- 人材、設備に投資をして、ノウハウを構築してもメリットが少ないと思わせることが重要。
- 自社の事業が取引先にとって「儲かりそうだ」「簡単そうだ」と思わせない。
- 顧客に「面倒」「難しい」「できない」「頻繁に使わない」という意識をもたせることができれば、自社の事業分野を内製化することを目指さなくなる。

「ノウハウを構築する時間やコストを、本業にかけるメリットが大きい」と顧客に意識させる

ビジネス現場でのツボ❹

「ターゲット」はどのように選定すればよいか

――「目の前にある顧客を捨てた温泉旅館」の事例

▼「捨て」なければ「得る」ことはできない

ターゲットを選定すると一言でいうが、それは大変難しい行為である。

少しでも買ってくれる可能性のある見込み客と取引しないというのは大変勇気のいる行為である。

しかも、大手企業に囲まれての競争となると目先の顧客は大変ありがたく、その顧客の我がままは何でも聞いてしまおうと思うのは自然のことなのかもしれない。

ここでは、全国有数の温泉地において周囲を大手観光ホテル、名門旅館に囲まれた中小旅館が採ったSTPの手法を紹介したい。

この温泉旅館は、自社の少ない経営資源、強みをどのように活用するべきかを考え抜いた。

その結果、自社に満足していただけない見込み客を徹底して「捨てる」というマーケティング活動を実施した。

▼市場分析の正確性が重要

この旅館の経営者は次のように言っている。

「プレゼントをする時には、相手のことを考える。買う時には『相手に何を送ったら喜んでもらえるのか』を寝ずに考えることもあるだろう」。

旅館も同じで、「だれ」に喜んでもらえるかを考えたら、その人が嫌がることも同時に排除することも考えなければならない。

マーケティングのＳＴＰは正確な３Ｃ分析があってこそ有効に機能するのである。

この旅館のある温泉街には１日数千人もの観光客が宿泊する。そのなかで自社の宿泊人員、部屋数のシェアは３％にも満たない。

１００人を超える団体客も集客することができないし、そうした施設もない。

また、仮に団体客を狙っても、価格競争、サービス合戦等で大手観光ホテルに負けてしまう。

そこで、この３％程度しかニーズがなく、大手観光ホテルではできなく、自社でしかできないサービスを考え抜いた。

そして、最後に**本当にそのサービスで自社の売上高と利益が十分確保できるのか**を計算した。

この最後の作業が非常に重要な作業となる。


このシミュレーションを実行しなければ、リアリティのある企画かどうかの判断はできない。

▼自社に合うのはだれなのか

市場分析の結果、その旅館が捨てたモノは、「団体客」「カラオケ」「巨大温泉浴場」「スキー合宿の学生」「大宴会場」「歌謡ショー」等である。

その結果、「個人客」「家族客」「静かな空間」「ゆったりとした部屋食」「湯質の良さ」「最高の水質で入れた珈琲サービス」等が残った。

こうした状況から、自社がだれを顧客にするべきかが明確となる。

しかし、重要なことはこうした顧客だけを狙ったうえで自社の収益を確保することである。

これができなければ、顧客のセグメンテーション、ターゲティングの作業は無意味である。

こうしたセグメント手法だが、前記のようにキーワードを取捨選択して実施することも有効なので、読者の皆さんもぜひ実施をしてほしい。

▼大きな市場を4分割する訓練を常に行う

このセグメント手法と並んで**大きな市場を「縦軸」「横軸」で分割する訓練**を常に行うことも効果的である。

これこそがマーケティング活動を強化するうえで有効な訓練となる。

事例としては「成城石井」「一休」の項目で紹介した図版を確認してほしい。

そのセグメントした顧客を選択したのが自社だけであれば、それは非常によい盲点を確認できたことになる。

このときに自社の「キャラ（特性）」を考えることが大切になってくる。自分の強みや特性をみつめれば、どの顧客との相性がよいかがみえてくる（顧客選別）。だれが見ても大きくない旅館は、大型観光ホテルを好む顧客には支持されにくい。

最近、この旅館は外国人の観光客の支持を得ている。この温泉街において「外国人の多い旅館」というポジションを確立することに成功した。これは他の旅館が過去になしえなかったことだ。

日本の団体客には「古びた旅館」に見える、この旅館だが、外国人観光客には「伝統美」「日本式建築」「厳かで静寂な空間」という価値のある建物に映る。顧客が変わると「感じる価値」も異なる。

いままでにない「キャラ」はおいしいのである。

第5章

4P戦略で
自社の価値を最大化しよう

仕上げは4つの分野で**アウトプット**。
成果が上がる形で実行する

22 「顧客に自社の価値を伝える戦略」を立てる

――顧客が直接感じる価値を最大化する

■顧客が直接感じる価値を4つの要素で組み立てる

前章ではSTPでターゲットを明確にすること、立ち位置を自分で作ることこそが、無意味な競争を避けて収益を確保することにつながると学習をしました。

いよいよ最後にする学習項目は、「顧客に自社の価値をどのようなマーケティング活動で伝えるか」です。

それは4P戦略を活用していくことでもあります。4Pとは「商品（プロダクト）」「価格（プライス）」「流通（プレイス）」「販促（プロモーション）」の4つの意味になります。この4つのP

をどのように組み合わせるかで顧客の感じる価値は大きく異なります。
　最大にするには何をすればよいのでしょうか？

■自社にとっての「妥当な組み合わせ」を考える

　自社のマーケティング活動は、ターゲットを明確にしたうえで「商品」「価格」「流通」「販促」の４Ｐ戦略を活用しながら、**自社の価値を最大化する**こと、**顧客の満足度を最大にする**ことが目的です。

　その組み合わせパターンを複数もつことで、その時の経済環境、さまざまな顧客ニーズにも対応することができます。それはとても難しく、とてもパワーも知恵もおカネもかかります。しかし、ニーズが多様化し、とても速いスピードで変化する市場においては、その対応なくしては生き残れないと考えるべきでしょう。

■ 顧客を明確にした後で、4Pの組み合わせを考える

産業財の基本戦略
1 商品（Product）
2 価格（Price）
3 流通（Place）
4 販促（Promotion）
5 営業（Person）

産業財については、「営業」を独立した項目として戦略を構築することも考える

消費財の基本戦略
1 商品（Product）
2 価格（Price）
3 流通（Place）
4 販促（Promotion）

商品(Product)戦略①

圧倒的な商品力は「高い付加価値」から生まれる

――老舗ほど変わり続けている羊羹の虎屋

23

■ 絶対的な違いをアピールし続ける

「羊羹《ようかん》の虎屋」といえば、500年の社歴を超える老舗です。虎屋は「高品質の商品・サービス」「超一等地」への出店等、自社ブランドを徹底して向上させることを常に実行しています。

その結果、他社と比較することができない圧倒的なブランド価値を維持しています。

「スーパーで販売している羊羹」と比較して「虎屋の羊羹」は高いという人はいません。「売り手」として、その価値を顧客に十分に伝えることに成功しているといえます。

■ 日本は100年以上続く老舗企業の会社数は世界一

出所：「長寿企業の実態調査(2013年)」(帝国データバンク)

約26,000社

「高い付加価値」は虎屋のように「他社と同列で価格が比較されない」状態になってはじめて実現できたといえましょう。

顧客に商品の価値を理解していただく……そうした地道なマーケティング活動は収益構造を底堅いものにします。

商売は「なんでも安くすればいい」わけではありません。それでは利益はとれませんし、会社も存続しません。企業は**自社の価値をいかに高くするか**……ここにもっと力を入れていくべきでしょう。

■「自社の価値」「顧客の利便性」を向上させ続ける

しかし、虎屋は「昔からやっているから」というような理由で物事を決定していないことは店頭でも理解できます。

たとえば、虎屋の羊羹は１本２６００円しますが、それではなかなか買えません。そこで商品の質を落とさずにサイズを小さくすることで１本２４０円の羊羹を店頭でも販売しています。

この金額であれば個人でも買いやすい価格になり、取引先へ

■ 創業して500年以上の歴史をもつ「虎屋」の事例

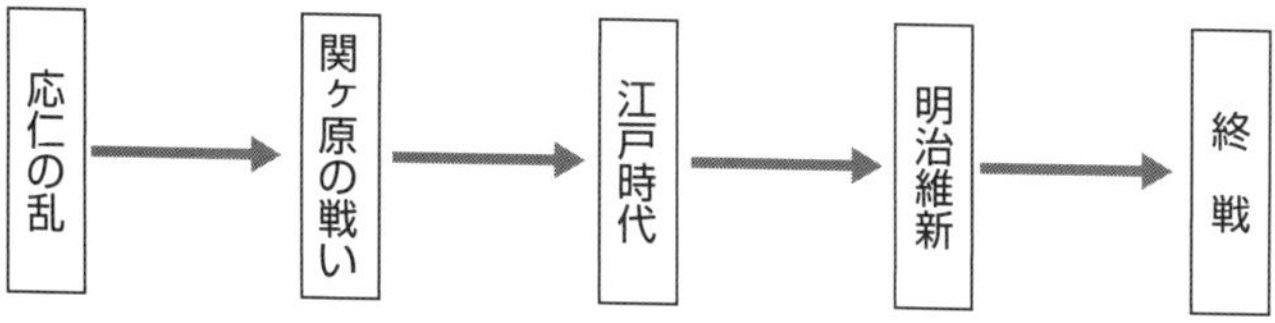

老舗企業は過酷な歴史を乗り越えて、
自社を存続させてきた危機管理のノウハウをもつ

の手土産に5本購入しても1200円になります。また、大きな羊羹をカットするような給湯室のない企業も増えていることから、そのままお客様に気軽に召しあがっていただける利便性も提供できます。

■ロングセラー商品ほど変わり続けている

虎屋は外国人観光客の多い富士山の麓《ふもと》にカフェを出店しており、パリにも直営店を出しています。虎屋は500年を超える老舗ですが、常に時代に合わせて変わり続けています。

日本のロングセラー商品、老舗を分析すると、常に変わり続けています。「亀田の柿の種」「日清のカップヌードル」等の商品も、最初に開発した商品を常に改良し続けています。時代に合わせてきたからこそ「売れ続ける」のです。

変わり続けることで、その時代の顧客ニーズに対応できるからこそ、老舗は老舗であり続けます。それがさらにブランドを向上させるのです。

■ **商品開発はマーケティング活動のストーリーが重要**

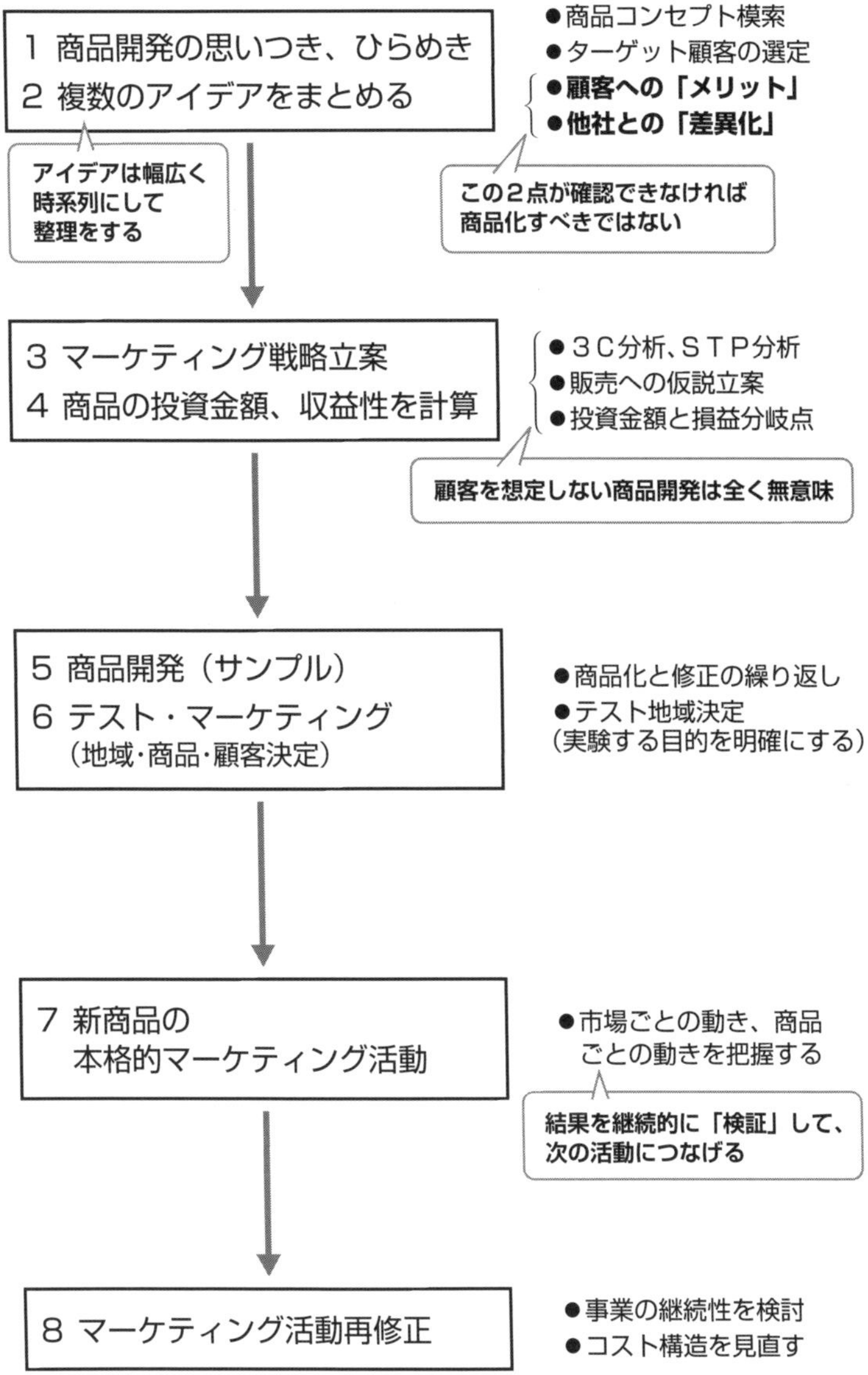

24 商品の「妥当」な価格はだれにもわからない

——商品のライフサイクルを分析する

■新市場は、最初に価格を決めた企業が断然優位

「モノ・サービスの価格」はどのように決定されるのでしょうか？　またすべての価格には必ず妥当性があるのでしょうか？

価格については、さまざまな要因をふまえて決定されますが（133ページ）、「値決め」により収益が変わってきます。最初の「値決め」の仕方により会社の経営体質が決定されるといっても過言ではありません。

それでは、顧客に満足をしていただき、自社に十分な利益を確保できる値決めとはどう実施すればよいのでしょうか？

■顧客が見たこともない商品に対しての相場観はない

世の中では毎年、新商品が発売されます。そのなかには過去の概念からはまったく想像できないような商品も多くあります。

そうした新しい概念をもつ商品に対して、顧客は**「いくらの金額が妥当」という判断基準をほとんどもっていません。**

つまり、顧客は最初に「提案された金額」を「判断基準」とすることが多いのです。

たとえば、1962年に発売された大正製薬の「リポビタンD」は発売当時150円でしたが、2016年現在でも150円前後でドラッグストア等で販売されています。初任給が現在の10分の1程度の時代では、割高感を感じた方もいらっしゃったかもしれませんが、「小さな瓶に入れた飲み切りの栄養ドリンク」という新しい概念を大正製薬は市場で提案しました。

消費者は「高いか安いか」という判断ではなく、商品価値を見極めたうえで、自分で実際に出せる金額かどうかを考えて購

■ アンゾフの成長マトリクス

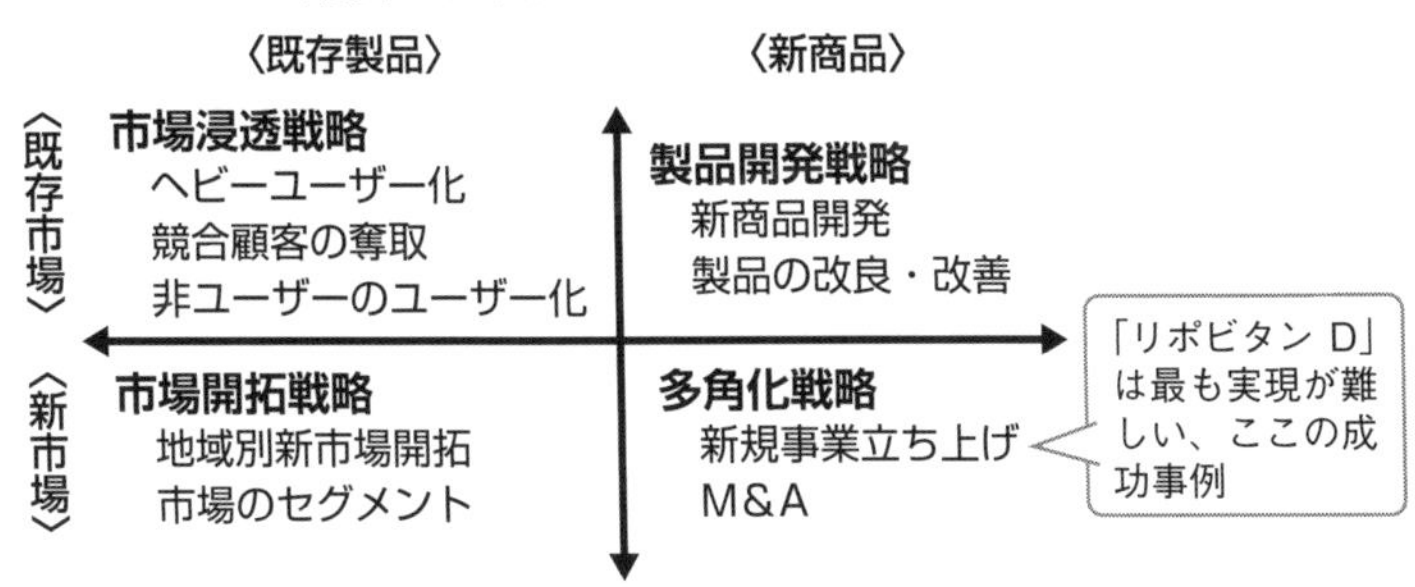

※イゴール・アンゾフ＝「企業戦略の父」といわれる。アメリカの経営学者

入をしていました。

最近は、日本国内の市場ではヒット商品が少ないといわれています。こうした商品が発売されないということは、「企業の商品開発力が落ちている」「改善改良だけの商品開発がされている」といえます。これでは利益は確保しにくくなります。

■「ファーストペンギン」でイメージをつくる

「池に飛び込んだ最初のペンギンは観客全員が観ているが、二番目以降はだれも観ていない」(先行者利益)という意味の諺《ことわざ》に、「ファーストペンギン」というものがあります。

たとえば、「警備保障のセコム」「女性用肌着のワコール」「リポビタンDの大正製薬」「ファミリーレストランのすかいらーく」等がこれにあたります。その市場を切り開いた会社が、その後の同市場形成においては圧倒的に優位になります。

しかし、その市場変化に対応することができなければ、優位性を継続して保つことができないのはいうまでもありません。

■ **商品ライフサイクル**(117ページ図の解説)

とくに普及率10%の段階でその市場に参入できない場合、その市場における知名度等において、きわめて不利な状況になる。その場合には「競合他社とは違う土俵(市場)」をつくることで、同じ土俵で戦わない

たとえば、「ガラケー(ガラパゴス・ケータイ)市場」に、普及率80%の段階で参入して勝てないと思ったら、市場普及率がゼロ段階で「スマートフォン市場」を自らつくりだし、その市場に競合他社を引き込むマーケティング活動が有効である

■ 市場普及率でマーケット分析し、マーケティング活動を考える

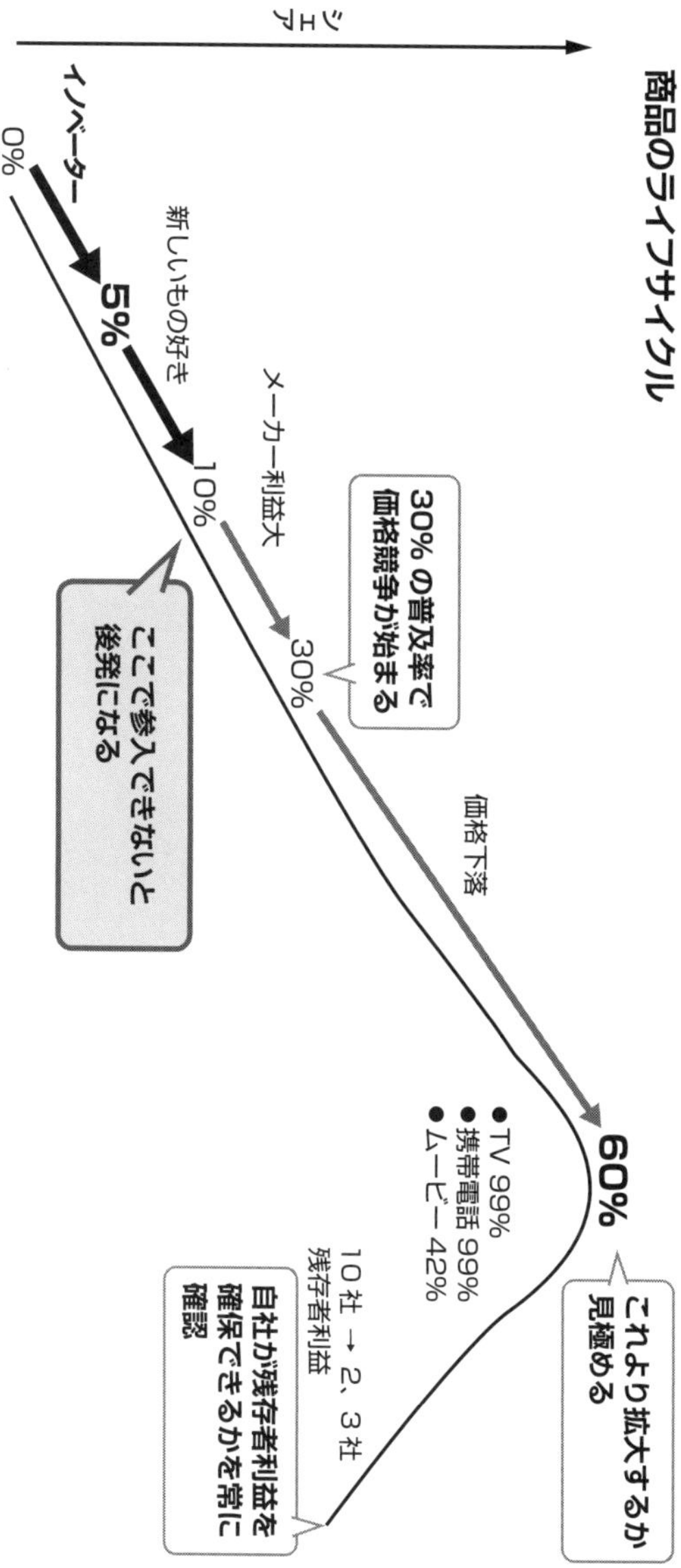

それぞれの市場普及率に応じて、企業は採るべき戦略を変更しなければならない

商品(Product)戦略③

25 生き残れるのは最大3社。残存者利益を確保する

——「コンビニエンスストア業界」で生き残る会社の戦略。

■おいしい市場には参入が相次ぎ、儲からないと撤退する

コンビニエンスストア市場の売上高は、2015年度に10兆円を超えました。この市場は流通業においてはスーパーマーケットに次ぐ市場で、百貨店、ドラッグストア、ネット通販等と比較しても非常に大きな市場となっています。

それほどまでに大きな市場であれば、それに参入する企業数も多いと思いがちですが、コンビニエンスストア市場は年々大手の買収（撤退）が続いて、大手3社（セブン-イレブン、ローソン、ファミリーマート）のシェアがなんと80%程度にもなる

という状態です。

■成熟(衰退)市場で生き残れる企業は2、3社

成長している市場においては競合の参入が相次ぎます。なぜならば「儲かる」と思っている企業が多いからです。

たとえば、2016年現在では大手3社（ヤマト運輸、佐川急便、日本郵便）のシェアが90％以上になっている「宅配便」の市場においても最盛期には30社以上の参入がありました。

しかし、現在の宅配便市場はこの3社を軸に戦っています。コンビニエンスストアの業界も市場は拡大していますが、参入しているすべての企業が伸びているだけではなく、この**大手3社が市場の拡大を牽引している**といってもよいでしょう。

「儲からない」「競争しても勝てない」という市場からは、企業がどんどん撤退します。その結果、「同じ市場」で競争できる企業は2、3社程度に減少します。正確にいえば**「一番手」と2位「競争相手」が競争の軸**となり、その2社と比較して**明**

■ 縮小する市場では残存者利益を狙う(例:居酒屋市場)

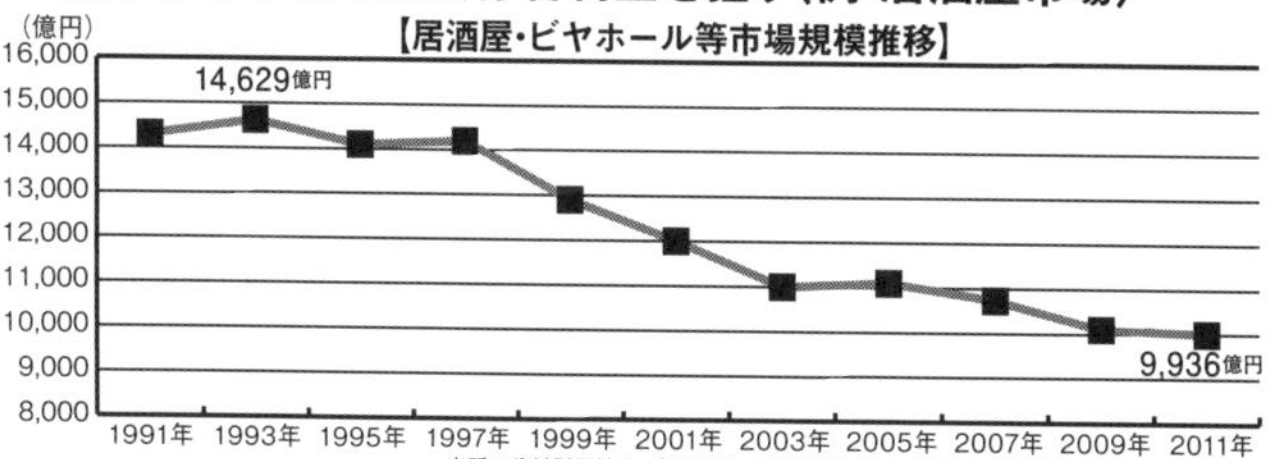

出所：公益財団法人 食の安全・安心財団 調べ「外食産業市場規模推計の推移」より

拡大の予測が厳しい居酒屋市場においては、「競合他社より潰れにくい」企業体質をつけることが必要

らかな特色がある三番手が残るといえます。

■ 1位になれるポジショニングを探し、生き残る

では、「4位以下の規模の企業がすべて滅びるのか」という疑問がでてきますが、そうではありません。

たとえば、コンビニエンスストア業界では業界7位の「セイコーマート」という企業がありますが、セイコーマートは北海道という地域では「店舗数1位」のポジションにあります。また、ブランド力調査でも「北海道のコンビニエンスストア」というポジションでは「1位」になります。

群馬県において高い顧客支持率を誇るベイシアグループのコンビニエンスストアの「セーブオン」も同様の戦略といえます。

このように「戦う市場」をはっきりさせ、**最大手にも負けないような「ポジション（立ち位置）」を明確**にすればよいのです。

「一番になれる市場（地域、商品群）はどこか？」

これを常に探し続けて、自社は残存者利益を狙います。

■ 「衰退期」におけるマーケティング戦略（次ページ図の解説）

たとえば、コンビニがスーパーマーケットとの勝負を意識しながら、従来の顧客である若者層を押さえつつ、今後市場拡大が確実視される50歳以上の顧客向けの品揃えを増やすのは合理的なマーケティング活動といえる。

■ 商品ライフサイクルの「時期ごとの特性」を把握しておく

	導入期	成長期	成熟期	衰退期
売上高	未知数	成長	低成長から横ばい	低下傾向
利益	低い傾向	上昇傾向	低下傾向・No.1に集中	低下・勝者に集中
キャッシュフロー	マイナス傾向	プラス傾向	プラス・横ばい	マイナス傾向
競合	ないことが多い	増加傾向	参入は少ない	撤退する企業多し
目標	市場拡大	市場浸透・成長	シェア維持・収益確保	残存者利益
支出	大きな初期投下必要	増加傾向	あまりかからない	少ない
基本戦略	市場での認知	高い知名度	顧客忠誠度を高める	代替品との勝負
顧客層	新しいもの好き	一般大衆	保守的顧客	ファン
商品戦略	開発重視	ラインアップ拡大	差別化・単純化	商品改良
価格戦略	先行した企業の自由	低下傾向	下落傾向止まらず	代替品の状況に左右
流通戦略	限定（不安定）	新規販路開拓	重点販路への深耕	選択・勝者に集中
販促戦略	ターゲットへの認知	ターゲット拡大	収益確保を優先	ターゲット絞り込み

「衰退期」においては、「代替品との勝負」を意識しつつ、自社の収益を支える「ファン」への新商品の提案、新しい顧客層を開拓する

価格(Price)戦略①

26 お客様の値ごろ感を徹底して把握する

――サンマはいくらで売るのがベストなのか

■「○○は○○○円というイメージ」の功罪

「サンマ1尾800円」と聞くと高くて買えない……と思う消費者の方もいらっしゃるでしょう。しかし、「ステーキ1枚800円」であれば、「質がともなっていれば買う」と回答する方もいらっしゃるでしょう。

この2つは「夕飯のメイン」という用途でみれば同じなのですが、「サンマは○○○円」「ステーキは○○○円」というイメージが相当数の消費者にあるためにこうした購買行動になることがあります。

しかし、マーケティング活動で大切なのは、この**「値ごろ感」は年齢、収入、環境等により大きく異なる**ということです。

■「高いか安いか」はターゲット顧客の感覚に左右される

価格戦略のマーケティング活動においては、顧客の感じる価値と価格のバランスを考えた商品提供が重要です。ターゲット顧客が高いといえば高く、安いといえば安い……とシンプルに考えて、顧客が許容する価格帯で価格対応します。

つまり、富裕層向けビジネスであれば「一般消費者には高額でも、富裕層には妥当」というマーケティング活動でよいのです。

■価格は「需要と供給のバランス」で決定される

「『原材料や人件費高騰』により価格を上げざるをえない場合にはどう対応すればよいのか?」という質問をよくいただきます。

「原材料高騰」「為替変動」等による値上げは避けることができないことも多々あります。

■ ターゲット顧客層の「上限価格」と「下限価格」を把握する

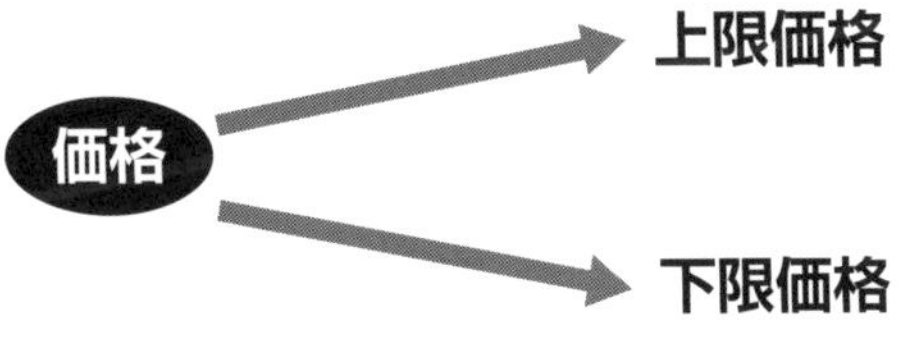

「ターゲットとなる『顧客』」の予算を常に把握して
マーケティング活動する

たとえば、1ドル80円から120円に為替が変動した場合にはその原価高騰分を売価に転嫁することは妥当なことです。

しかし、給料が簡単に上がらない環境においては、値上げどころか、取引先からの値下げ要求がごく普通にあります。

中小企業の多くが、競争の激しい業界では「値上げ」を我慢しています。

価格は「需要と供給のバランス」を考えた際、「需要（顧客）」と「供給（売り手）」の状況から決定されます。その際に「顧客はどれくらいの金額の幅であれば、自社の商品を購入するのか」という分析が非常に重要になります。

これを徹底して分析することで、自社商品の売上高減少を防ぎ、収益確保を確実にするマーケティング活動が重要です。

「圧倒的な差別化商品」「ビジネスモデルの構築」等は簡単にはできませんが、**値ごろ感を磨き、顧客対応する**ことで市場に生き残ることは可能です。市場価格の情報収集対応を自らが積極的に行わなければ生き残ることはできません。

■ 顧客を取り巻く環境により「上限価格」「下限価格」は変化する

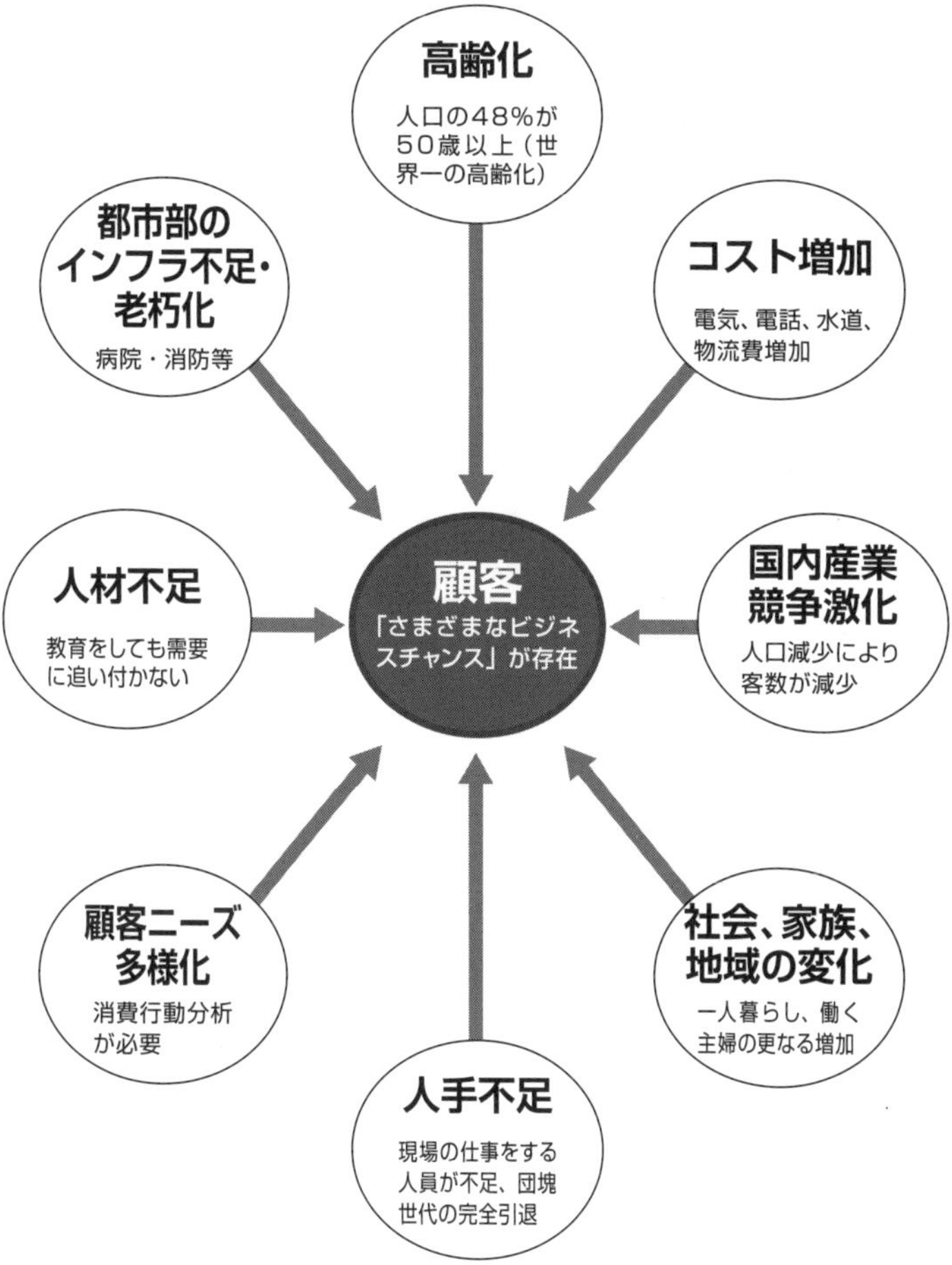

顧客（潜在顧客）のニーズが毎年変化する以上、それに合わせた価格戦略が必要となる

規模優位性を活かした低価格戦略

――塩化ビニル世界ナンバー1の信越化学工業の強さ

27

■**規模があれば、パワーで他社を圧倒できる**

最も売上高の大きな「ナンバー1企業」が、その「購買力・交渉力」を活用して、仕入原価を引き下げることにより競合他社を追い込むやり方はシンプルですが、効果的です。

調達力が「ケタ違い」の場合もありますので、当然「原価」は最も「安価」になります。その結果、競合他社と「同じ価格」で販売しても、または「安い価格」で販売しても、**高い利益率を残すことができる**のです。

とくに「比較が容易な商品」については、どの企業で購入してもさほど差がないので**「価格比較」がしやすくなります**。

そのため、大手であれば、「安価」をアピールしても利益が確保しやすい状態になることがあります。

こう考えると「コスト構造」を変えないで、中堅以下の規模の企業が巨大企業に「価格で勝負すること」は非常に厳しいといわざるをえません。

■競合他社に「戦う戦意」を喪失させる

規模の大きな企業（とくに最大手企業）が採るべき戦略で最も有効なものは「自社と戦うことは無意味である」と競合他社に気づかせることです。

「大きな企業には勝てない」「資金力、人材の豊富な会社には勝てない」と意識をうえつけるだけでよいのです。そうした環境に競合他社を追い込めば、**競合他社が採れる選択肢は限られてきますので、自然と自社が優位になります**。

追い込むための手法として、規模を徹底的に活用した「低価

■ 価格は「顧客が認めた価値」以上では成立しない

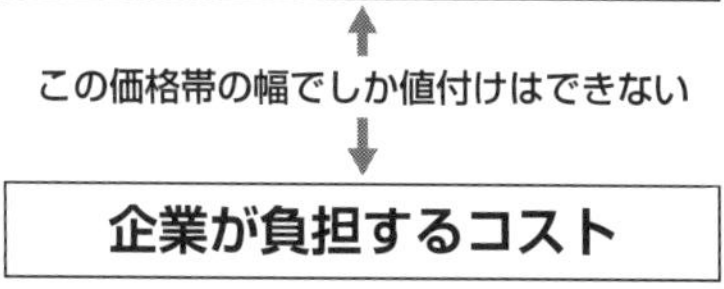

「価値」を上げるか「コスト」を下げることで、「価格帯」を柔軟に設定できれば、収益を確保しやすくなる

格戦略」が有効な手段の一つとなります。

■「規模」と「逆張り」の最強の組み合わせ

規模を活かした経営をしている企業に「塩化ビニル」「半導体シリコンウエハー」で世界シェア1位の信越化学工業があります。同社のスゴイところは「シェア」がトップということだけではなく、「景気の悪い時に大型投資をする、よい時は慎重になる」という、いわゆる「逆張り」の経営も取り入れていることです。

信越化学工業は業界最大手で非常に利益率が高く、資金も豊富にありますので、不景気の時に「価格が下落した土地、工場」「採用しやすくなった人材」等を確保することができます。

資金力のある最大手企業は景気がよくなれば自然と売上高が上がります。また、景気が悪ければ「『逆張り』の戦略」を採用することもできます。そのため、どのような環境になっても圧倒的に優位であるのです。

■ 世界シェアNo.1の信越化学であれば、コスト競争力で他社を圧倒する

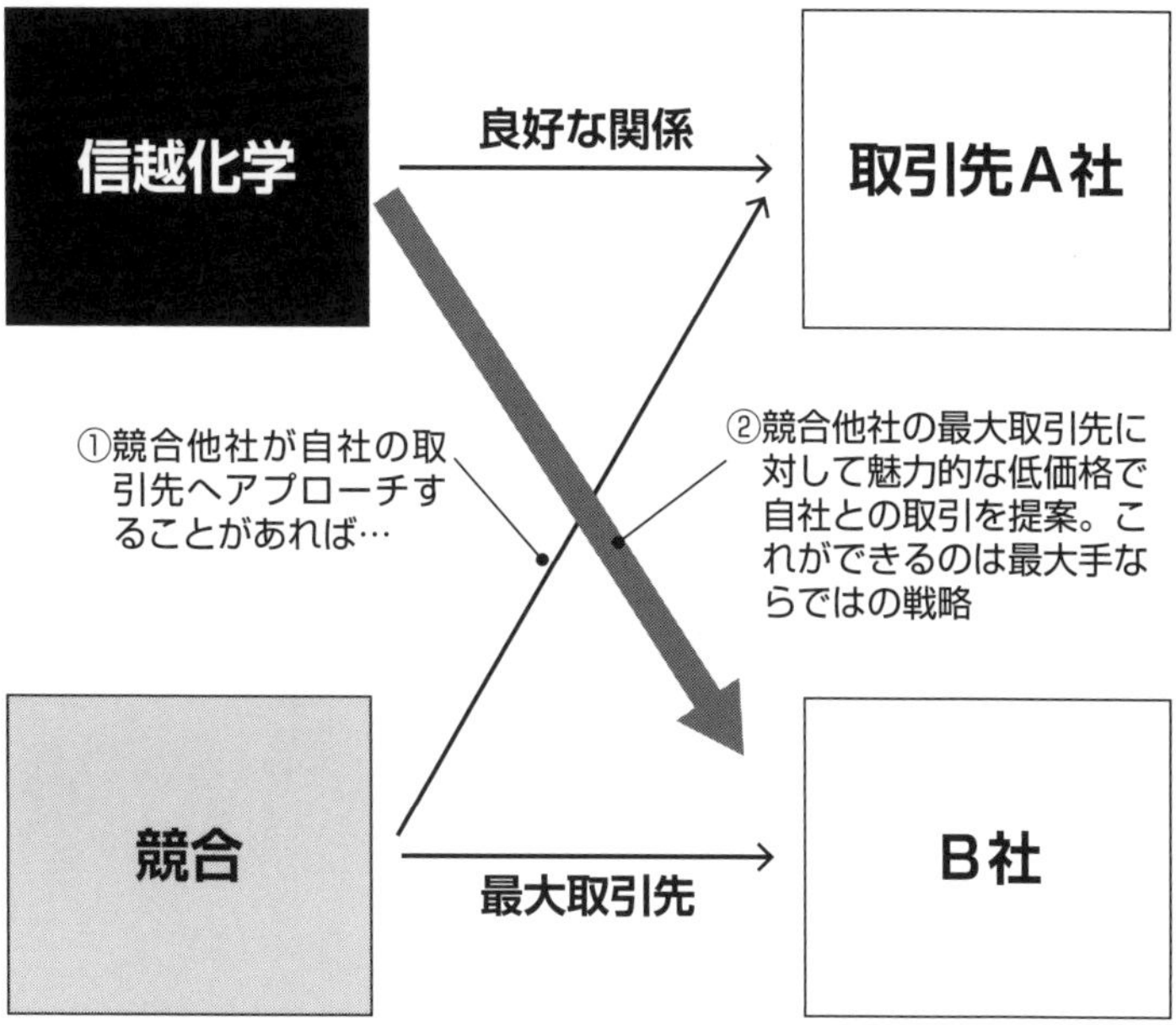

- 世界一シェアの企業であれば、そのパワーで競合他社を圧倒することができる
- 自社との友好関係にある取引先に対して、競合他社が営業等アプローチをした場合、その競合他社への影響力が大きい「最大取引先」に対して「より低価格」の提案等もできる
- 最大手企業は競合他社に対して、自社に挑戦したらどうなるかを思い知らせることが必要である
- 最大手企業は、自社との競争意欲を他社から徹底して奪い取らなければならない

効果のない業務をやめ低コスト戦略で勝つ

――食品スーパー「ＯＫストア」は安いのになぜ儲かるのか

28

■ビジネスモデルで差異化を図る

「価格競争では最大手が有利」という前項の話を聞いたら、「ウチは何もできない」と思われる方も多いかと思います。

しかし、規模が小さくても利益率が高い企業も多数あります。また、大手と価格競争をしても負けないという企業もあります。なぜ、それが可能なのでしょうか。

確かに規模で負けると調達力等から商品原価は高くなります。しかし、**それを上回る販管費等の削減**で「低コスト戦略」を実現し、規模で劣勢に立つ企業が利益率で勝ることもあります。

■大手企業でやっていることはヤメル

では、どのようなマーケティング活動をとることで、「低コスト戦略」を実現できるのでしょうか。

大手スーパーマーケットの「OKストア」は店頭価格が非常に安価であることで有名です。しかし、競合他社と比較すると非常に高い5％程度の経常利益率（同業他社は2％程度）を確保しています。

OKストアは自社より何倍も大きな企業が、当たり前に実施していることを「ヤメテ」しまっています。

たとえば、スーパーマーケットでは通常は無料である「レジ袋」を1枚6円（税別）で販売しています。また、市場でシェア1位の商品であっても「顧客が望む価格」を店頭で実現できなければ、その商品の販売もヤメテいます。大手で通常行われているサービス・商品等を中止してコストを削減し、価格を下げて顧客に利益還元し、自社も利益確保しています。

■ 低コスト戦略と低価格戦略の相違点

1「他社とのビジネスモデル」の差異を明確にして競争力を高めるのが**低コスト戦略**

2「ナンバー1企業」が圧倒的なパワーで「2位以下」をつぶすのに効果的な**低価格戦略**

中途半端な戦略では収益を確保できない

■「普通」「当たり前」「流行り」を疑問視する

企業が利益を出すための即効性のある手段として「目先のコスト削減」があります。確かにその年度の決算を考えれば、人件費のような大きな経費を縮小させれば利益は短期的には確保できます。

しかし、人件費を削減すれば従業員のモチベーションは下がります。それよりも一人が複数の業務をこなす「マルチジョブ」等を採り入れることで給与の増加を考えることが効果的です。

業務の幅が広がる分、教育訓練も必要になりますが、こうした訓練の仕組みも必要です。

「当たり前」「流行り」「世間では普通」といった「誤った自社都合の常識」をすべて疑問に思わなければいけません。本当に効果のある業務を実行し、効果のない業務をヤメルことでコストを低くする「低コスト戦略」を採用すれば、大手と価格競争をしても高い利益を確保することが可能となります。

■ 企業の収益構造を理解する

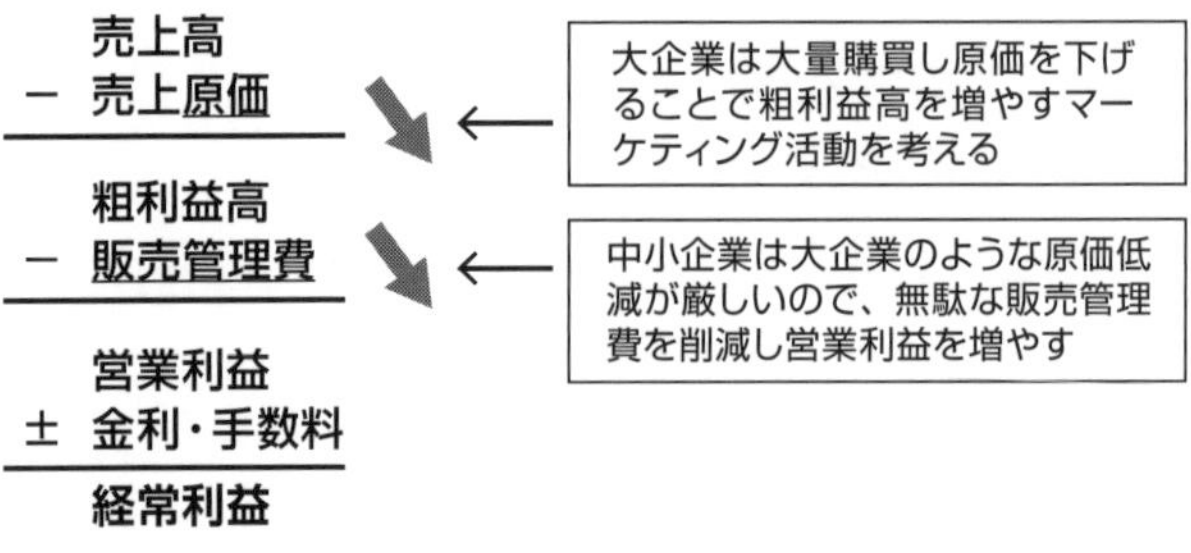

■ 価格はこれらの要因の組み合わせで決定する

商品特性	●「消費財」「産業財」「サービス」等で分ける ●相場に左右されるか、価格が比較的安定している商品か ●「特許」等の権利で保護されている商品は儲けやすい
顧客特性、購入頻度、代替品等の状況	●顧客に購入経験があればあるほど儲けにくい ●ターゲット顧客層は成長しているか、大きさはどうか ●代替品が出現する可能性の高い市場か
コスト構造、環境	●原材料コストの変動幅は大きいか ●コスト・間接費の上昇の危険性を常に考える
購買、販売ルート	●「販売経路」の発展性、成長性 ●中間マージンの利益率状況（高低、安定度） ●中間機能の強さ、大きさ、資金力（大手商社等） ●チャネル代替の可能性（販路が変わることで価格が低下）
競合他社の状況	●業界競争の強弱（買い手、売り手の影響力） ●代替品の状況（機能の代替性、隣の市場） ●プライスリーダー（シェア40％をもつ企業）が存在するか
法律による影響	●消費税率や収益に直結する法律の影響力 ●独占禁止法（優越的地位の濫用、下請法） ●消費者保護の法律（消費者関連の官庁の権限）への関心

※多くの場合、価格は上記の要因などの組み合わせで決定される

※単独の理由だけではなく、たとえば「商品の相場が高騰したことで、プライスリーダーがない業界でも利益が確保しやすくなった」という思考回路をもつ必要がある

流通（Place）戦略①

流通戦略の6項目でチェックする

――コカ・コーラの強さの源泉「自動販売機」

29

■常に顧客の近くにいる企業が強い

「競合他社に対して優位な状況とはどんな状態ですか？」

こうした質問も著者はよく受けることがあります。この回答の一つに「常に顧客の近くにいること」が挙げられます。

たとえば、「ネット通販」もスマートフォンの普及により、ネットでの買い物が通勤途中でもでき、より便利になりました。

「自動販売機」も清涼飲料水だけで国内に約220万台もある身近な存在です。

自動販売機は「基本的には自社商品しか販売していない（提

■ 清涼飲料水自販機設置台数ランキング

（国内合計約220万台）

	企業名	シェア（稼働台数）
1位	日本コカ・コーラグループ	37.7%（83万台）
2位	サントリー食品インターナショナル	28.6%（63万台）
3位	アサヒ飲料	12.3%（27万台）
4位	ダイドードリンコ	11.8%（26万台）
5位	キリンビバレッジ	9.5%（21万台）

（注）2014年末時点、飲料総研調査から台数、シェアを推計

携企業の商品を除く）」「定価販売」「新商品の紹介が迅速にできる」等のメリットがメーカー側にあります。設置台数が多ければ多いほどその企業にはメリットがあります。

■「品質、味が良くても手に入りにくい」環境を改善する

食べてみると「とてもおいしい商品」と多くの消費者が感じても、販売している場所が少ないと購入してもらえない状況になります。

そのため、企業は「いくら良い商品」を作っても**顧客に届かなければ意味がないと考えるべき**です。

企業は自社商品の特性に合わせて、顧客に触れていただくシーンを徹底して増やすマーケティング活動が重要です。「モノが良い」というだけでは売れ続けることはありません。

そのため、「販路」「購買」等の面で、企業がさまざまなパターンをもつことでリスク回避をする戦略も重要となります。

■「顧客の玄関先を押さえる」ことで常に身近な存在であり続けられる

酒類専門店の売上高日本一の「カクヤス」は「首都圏限定の店舗展開」しながらも「売上高の90%が配達」という他社とは異なるビジネスモデルをもつ。「**電話**」で依頼を受けて1時間程度で「ミネラルウオーター1本でも無料配達」する利便性を提供する

■流通戦略での「自社」の強みは何か

137ページでまとめましたように、流通戦略6項目の中で自社はどの項目が他社と比較し優位性があるのか確認してください。

流通戦略は自社だけの都合では実施できません。そこには他人様の協力が必要となります。たとえば、「最高の立地」を貸してくれる他人様と自社が先行して協力体制を構築できたならば、自社は競合他社に対して圧倒的に優位になります。

他の流通戦略の成功例としては、コンビニエンスストア業界の店舗で唯一「無印良品」を購入できる「ファミリーマート」とのコラボレーションがあります。ブランド力のある企業同士が組むことにより、お互いのブランド力を向上させた流通戦略といえますが、かつて同じグループ会社であったことから実現しているマーケティング活動です。

自社の流通戦略の強み、優位性を保つにはどうするか、何を強化するのか優先順位をつけ、実行することが重要です。

■ 自社商品の販路、購買ルート等をどのように決定するか

購入時期、場面の変化を時系列でまとめると、「次の販路開拓」の大きなヒントとなる

商品特性にマッチした販路が確保できると競争優位が確保できる

項目	ポイント
顧客動向	●顧客層の特性に自社が食い込める可能性 ●潜在顧客市場の可能性 ●市場の状況（「導入」「成長」「成熟」等）
商品特性	●商品のイメージは理解しやすいか ●商品の「用途」「使用場面」「購入目的」
購入パターン、時期・場面	●小売店やインターネット等の「購入場面」を分析 ●「購入の時期」「買い替えの時期」 ●顧客が、複数の「購入場面」をもつことが可能か
投資コスト 運営コスト	●販路コスト（回収期間）を計算 ●「運営コスト」を「商品の価格」に転嫁できるか
競合の戦略	●競合の優位性を販路ごとに確認 ●**競合よりも、優位な販路・購買をつくれるか？**
自社の競争力	自社商品のブランドイメージを顧客ごとに向上させる戦略はあるか

販路は競合に先行して押さえられれば圧倒的に優位になる

流通(Place)戦略②

特定販路の販売依存度を15%以下にする

――「クロネコヤマトの宅急便」誕生秘話

30

■特定の企業に依存するリスク

「企業活動をするうえで避けるべきリスク」は何でしょうか。この質問もよく受けることがあります。もちろん回答が一つではないのですが、**顧客の「販路バランス」をとることで「リスク回避」をする**マーケティング活動は非常に重要です。

たとえば、ある特定企業に売上高を依存すると、その企業との取引がなくなった際には「資金繰り」がうまくいかなくなり、会社の存続自体が厳しい状態になることが考えられます。

とくに産業財の企業では「ある特定取引先」に依存する業種

も多いので、こうした状態は避けなければなりません。

それでは「依存度はどれほど」であればよいのでしょうか。

理想とする数値は、1社あたりの売上高依存度は15％以下が望ましいとされています。これは「『全社売上高の15％』以上を特定の1社に依存すると独立性を失う」という意味です。

「取引先」の影響度を分析する際、自社の利益率から「1社あたりの売上高は、**全社売上高の○○％（15％以下）まで**」と**自社でルール化**するべきです。

■新規開拓は販路バランスを改善させる

「クロネコヤマトの宅急便」で有名なヤマト運輸はかつて売上高の大半を百貨店の「三越」に依存していました。

そのため、利益がなかなか確保できない状態にありましたが、視点を「法人需要」から「個人需要」に転換することで、いまでは年間35億個（DM等を含む）程度の「小口貨物」取り扱いをしています。

■ 特定顧客への販売依存度は「売上高の15％」までとルール化する

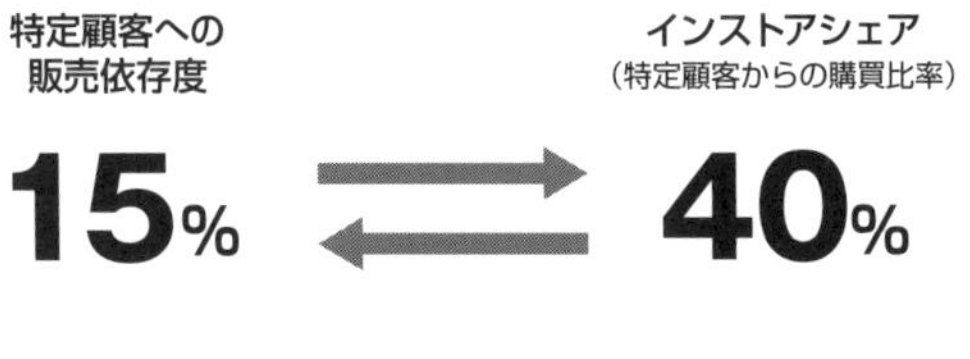

特定顧客からの購買比率は40％以内とするべき

15％ルールは、企業の経営戦略において重要なテーマになります。今後のマーケットをふまえ、企業の買収・合併が進み、大きな企業がより大きくなることが予想されます。

その環境においても、「1社あたりの販売依存度を15％以下」にするために、「新規開拓の割合を増やして販路バランスを保つ」ことは優先順位の高いマーケティング活動と断言できます。

■特定取引先から購入が多いのも要注意

また、商品を購入する場合も、**特定取引先からの購買比率を多くても40％以下**にすることも重要です。その取引先からの購入が多くなればなるほど、その企業からの調達がなくなった時には自社が成り立たなくなります。

1社に取引先を絞り、大量購入することを否定するわけではありません。しかし、4社以上からバランスよく購入し、リスク回避の準備をすることも重要です。

■ 顧客ごとの販売依存度を分散する

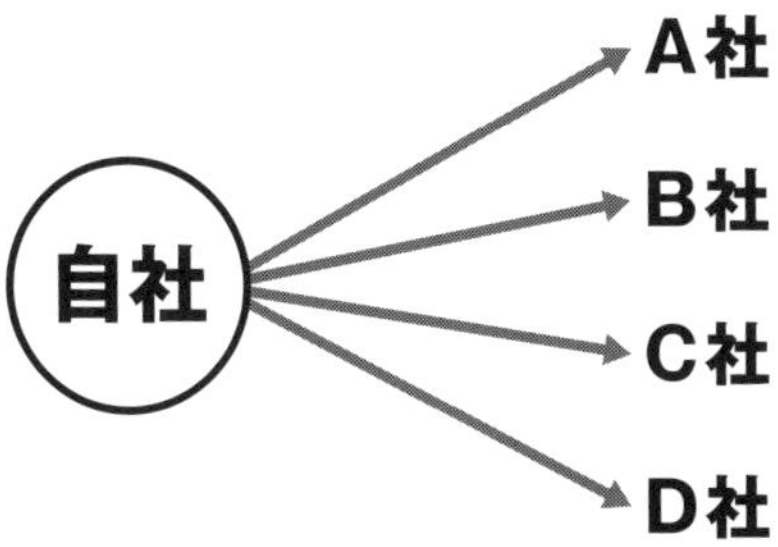

「潜在顧客」を常に考え、販路拡大を準備する

〈販路に関するリスク対策手順〉

消費財の商品特性では、特定顧客に１％の売上高を依存することは稀。そのため、特定顧客に自社の売上高を左右されることは考えにくい。

↓

しかし、産業財は特定１社の売上高が10％を超えることも業種、業態、企業により多々ある。産業財であっても、取引金額１位の会社の販売依存度が１％程度以下であるのが理想。

↓

産業財ビジネスでは、取引先各社の販売依存度を低くし、その取引自体が消滅した際のことも考えて、潜在顧客も常に探し続ける流通戦略を構築しなければならない。

↓

売上高がなくなった時に、それを迅速に埋めようと行動を起こしても「顧客は急に見つからない」と考えるべき。

31 卸売業、代理店では流通戦略が生命線

——三菱食品等、卸売業の中間機能を再確認する

■中間機能の存在意義はきわめて大きい

流通戦略の機能は、顧客に「欲しいモノを、欲しい時に、欲しい量だけ（欲しい価格で）」届けることです。

たとえば、洗濯機や冷蔵庫は、故障してから買いにいく顧客が全体の70%以上にもなります。つまり、「1週間後に配達します、お安くしますよ」では遅いのです。

それよりも「きょう、届けます（ちょっとだけ高いが許容範囲）」のほうが大きな価値があります。競争相手に勝つには、この物流機能（卸売業がもつ機能）がますます重要な要素とな

ります。

■卸売業は、その強みを取引先に明確に提示する

卸売業の営業利益率は1％前後です。低い利益率で複数の機能を取引先に提供しています。そのため、その機能の有効性を取引先にアピールすることはきわめて重要なマーケティング活動になります。

具体的には、145ページの「卸売業（代理店）が保有するべき機能」のなかから、とくに自社が競合他社と比較して優位性のある強みを徹底して取引先にアピールしなければいけません。

そして、「わが社の機能は競合他社とはここが異なる」ことを顧客に理解していただく必要があります。こうすることで、継続的な取引の拡大を目指します。

たとえば、食品卸売業界最大手である「三菱食品」は規模、物流拠点、商社との関係性、システム、商品開発、市場分析力等により、小規模卸売業には到底できない提案が可能になります。

■ 卸売業は「メーカー」「流通業」の両方の「立場」でマーケティング活動を実施する

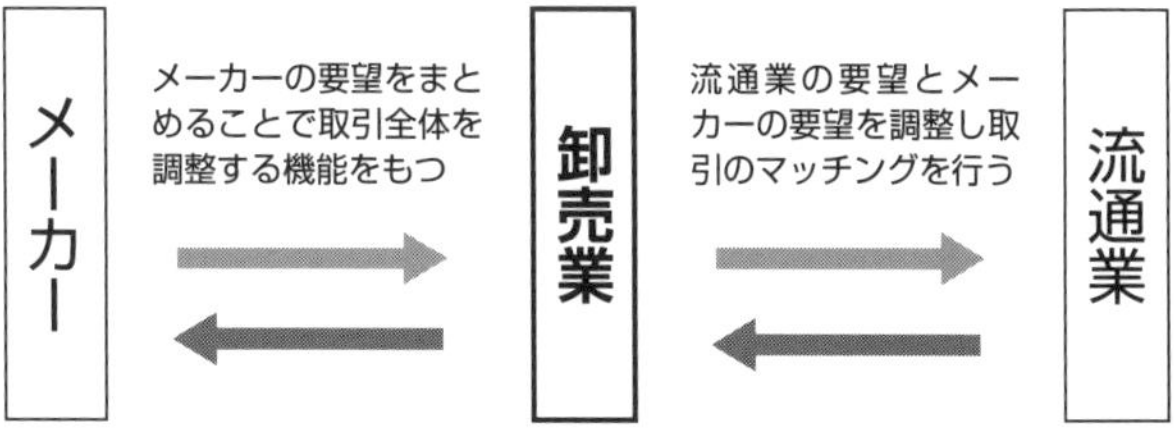

■目立たない分野で強みのある企業の市場価値は高い

企業にとって最低の人員配置は「『花形分野』に予算、人材を豊富に配置することによる『目立たない分野の軽視』」です。

逆に最高のシナリオが、目立たない分野を「仕組み化」することで、他社に圧倒的に差をつけることです。**本当に強い会社とは「目立たない分野」の「仕組み化」に成功した企業**です。

競合が気づかない分野の重要性に注目したとしても、いち早く投資をしてきた企業の強みにはそう簡単には追いつけません。流通戦略の機能は目立たない部分もありますが、とても重要なことなのです。

自社のどの機能が競合他社に差をつける「企業の生命線」なのかを常に考えたマーケティング活動はきわめて重要だと断言できます。

■「目立たない分野」の仕組み化に成功した企業(例)

1「しまむら」の物流、出店

2「ニトリ」の物流、生産管理

3「大手コンビニ」の物流、発注システム

4「ヤマダ電機」の物流、システム

■ 卸売業(代理店)が保有するべき機能

項目	効用
調査・情報収集	・顧客からの情報収集の徹底 ・顧客ごとの状況比較が可能
販売促進、営業	・顧客の状況について直接、確認（競合の動きも含む） ・自社商品を強力にアピール
商品のマッチング	・顧客から要望を受けた商品の紹介 ・商品に付随するサービスも直接、合わせて紹介
交渉代行	・売り手の代行により価格交渉、販売条件を調整 ・条件が合わない場合も買い手は相談を受けられる
ロジスティクス（物流・在庫管理）	・顧客に商品・サービスを最終的に届ける機能 ・在庫管理をすることで売れるモノのスピーディーな配送が可能に ・量販店等の販売場所の確保
ファイナンス	・顧客の与信管理代行（売上金の代金回収） ・リスク管理（売上代金等が回収できない場合の対応）
顧客開拓機能	・自社商品の「見込顧客」を市場で探す ・「コラボレーション（協力相手）」の紹介と提案
顧客維持機能	・自社商品の既存顧客を維持する機能 ・「既存顧客」に新商品を強力に紹介する機能

「どの企業が何を欲しがっているのか」を把握している企業は強い

交渉力が高い卸売業は利益を確保しやすくなる

顧客開拓、維持機能をもっている企業の市場価値は高い

プロモーション(Promotion)戦略①

32 他社が実施していない販促手法ほど有効

――産業財商品はネットで売れるか

■過去に実施していない層に実施する

自社商品の販売を拡大するには、販売促進活動は必須の業務といえます。しかし、それは膨大なコストがかかることから常に費用対効果を求められます。

現在の市場では「テレビ」「新聞」「ネット」等を通じて、顧客（消費者）は毎日情報の洪水を浴びている状態です。

プロモーションは**その業種業態にマッチした手法をとることが重要**です。たとえば、「スーパーマーケット」において店舗の近隣に配布する「チラシ」は適切なツールと考えられます。

しかし、当たり前の手法だけでは規模の大きな企業が優位になります。そこで「**実施されていない（盲点・意外性）販売促進はないか？**」と考えることでヒントがみえてきます。

■ 市場の盲点をついた「モノタロウ」

「産業財をネットで販売できないか」という発想で生まれたビジネスに「モノタロウ」があります。

「ネット通販」は楽天、アマゾンのように消費者が手軽に買うイメージがありますが、モノタロウはターゲットを法人に絞り、その商品も実験室で使用する道具等を品揃えしプロ向けに絞っています。最近はテレビCMも実施していることから知名度も上がっています。

その結果、売上高が本ページ下欄で示したように年々成長しています。①「**どこで買ってよいか迷う品揃え**（実験室で使用するビーカー等）」、②「**買いやすい価格**」、③「**利便性**（配送で手元に）」という3点の明確な顧客メリットにくわえて、「どこ

■ 産業財の商品を扱う「モノタロウ」の業績の推移

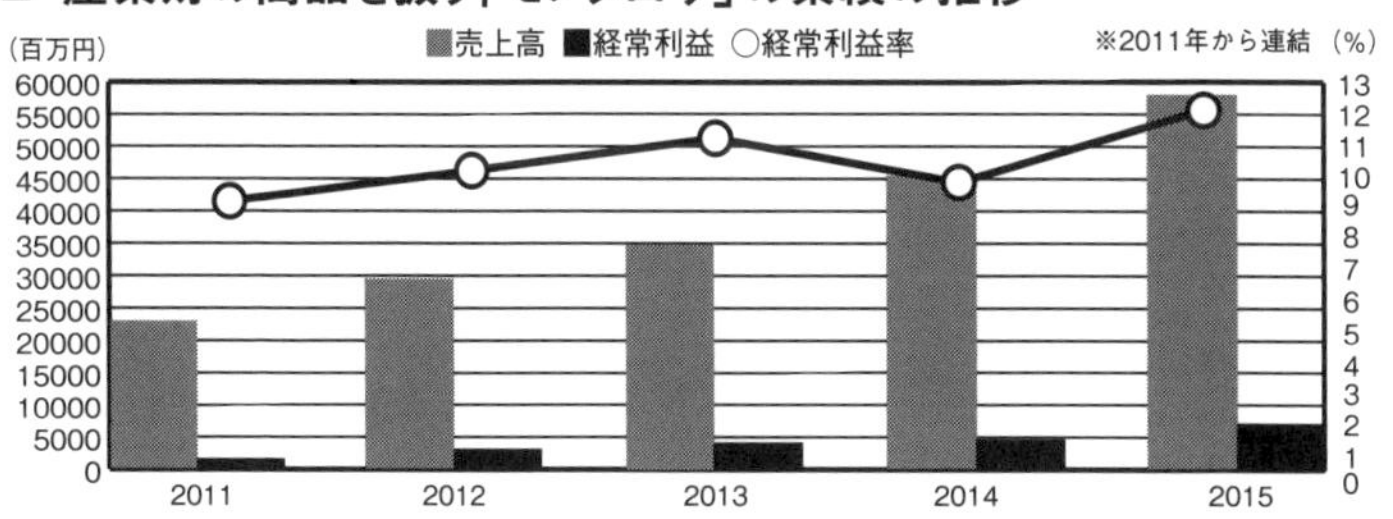

顧客獲得への投資を実施し、売上高、経常利益を確実に成長させている

で購入してよいか迷っている潜在顧客」に対して、自社のサービスを伝えることに成功しました。

■「意外な組み合わせ」を考え抜き、実行する

「産業財」と「ネット通販」という意外な組み合わせを考えると新しい販促手法がみえてきます。今までに実行されていない手法の組み合わせを整理したうえで、現実的に実行できる販売促進を考えてみましょう。

「価格」だけではない**「価値」を「潜在顧客」に伝える**ことができれば、高い利益率を確保することも可能だと思います。

経常利益率11％（他社は2～4％程度）と利益率業界1位（2014年）になった「ジャパネットたかた」はその典型ではないでしょうか。店頭でのディスカウントで勝負している家電量販店に対して、その機能や使用方法をテレビで丁寧に説明することが奏功しました。

■ プロモーションは3つのポイントでチェックする

1 正確

「コンプライアンス」の視点からも「ウソ」は絶対に言ってはいけない

顧客の視点で、「自社の正確な『特長』」をアピールする

「正確さ」の連続が、自社への「信頼」や「求心力」になる

自社のどのような機能に、顧客にとってのメリットがあるのかを常に考える

2 迅速（タイムリー）

競合よりも、速ければ、その市場で勝てる可能性が高くなる

「タイムリー」でなくてはダメ。速すぎることは評価されない

「タイムリー」は、「80点の自社」が「100点の競合」に勝つ唯一の方法

タイミングを提示する際に、時期の根拠がないとその提案は弱い

3 必要十分な情報すべて（優先順位をつけて）

顧客へは、「自社の特長」を「優先順位」をつけて全部伝える

インターネット、DM等の営業手法の場合、「全部」伝えることが重要となる

「与えられた時間」で、優先順位をつけて「自分のビジネス（商品）」を説明する訓練をする

顧客の都合に合わせたプロモーションをツールごとに考える

自社のプロモーションにおいて上記の3点のなかで顧客対応できている項目を確認する。また顧客対応する際の優先順位を分析する

33 徹底した「顧客管理」で常に顧客を快適に

――帝国ホテルはなぜ顧客を魅了するのか

■顧客が欲しいモノを「欲しい」と言う直前に提供する

「顧客にとって最も価値の高い商品・サービスは何でしょうか」

こういう質問をよくいただきます。

それは「顧客が欲しがる前に顧客の想像を超えたコト・モノを提供すること」であると考えています。

「商品」では「アップル」の「iPhone」がそれに該当するのではないかと思います。

では、そういった「サービス」を実施するためにはどのような準備が必要なのでしょうか。その一つに「徹底した顧客管理」が挙げられます。顧客の行動パターン、取引実績、好み等のデータを把握して分析することで、自社が**次に提案する商品・サービスを検討する判断材料**とします。

■基本を徹底しながら驚きを提供する

日本一の老舗、圧倒的なブランド力のあるホテルといえば、「帝国ホテル」が挙げられます。

帝国ホテルを利用すると、ビックリするほどその顧客の好みを正確に把握していると感じることがあります。帝国ホテルでは、ホテルの発行する「インペリアルクラブカード」を活用した顧客管理が行われています。また、それに合わせて、サービスを実施している様子がうかがえます。

東京では新しいシティホテルも続々できています。しかし、過去の顧客データの活用を考えると、新規参入した同業他社がサービスでは帝国ホテルには簡単に追いつくことはないと感じます。

■ RFM分析活用例(販促の優先順位を決定)

最新購買時期 最近いつ? (Recency)	×	**購買頻度** 年・月・週で何日ぐらい? (Frequency)	×	**購入金額** いくら? (Monetary)

この「3つの要素の組み合わせ」により優良顧客を選択する。その顧客と長期にわたり、いかに良い関係を構築するか――この観点でマーケティング活動を実施する

顧客管理は業種業態を問わず有効な手段といえます。「顧客の顔が見えるビジネス」においては、徹底して顧客の好みを知り尽くし「かゆいという前に、かゆい場所を探してかいてあげる」というサービスは、規模の大小を問わず対応可能です。

■希少性はブランド価値があればこそ有効

帝国ホテルの商品で「お正月プラン」という企画があります。そこでは普段の帝国ホテルでは見ることができない「フードコート」「子供向けのゲームセンター」等があります。これ自体、意外性があり驚きなのですが、フードコートでは王道でもある有名寿司店のマグロ握り等も提供されます。

「お客様を驚かせる意外性」と「王道の安心感」の組み合わせはきわめて有効なマーケティング活動だといえます。

こうした意外性はブランド価値があればこそ有効です。

ブランド価値がなければ、「希少性」は「奇抜」で終わります。

■ 顧客管理から「守る顧客」「拡大したい顧客層」を分析する

「顧客情報管理」の例:【CRM】

【CRM】Customer Relationship Management
※「カスタマー・リレーションシップ・マネジメント」の略であり、「どういった企業」に、「どのような商品やサービス」を提供するのが有効なのか、収益性が高まるのかを考える戦略
※ポイントは顧客との「商談内容」「訪問履歴」を管理するだけではなく、顧客情報を徹底管理、活用すること
※「顧客管理」のできている企業は次のチャンスを見つけやすい

顧客情報管理の具体例(来店頻度と購入金額で顧客優先順位を決定)

累計購入金額＼来店回数	0〜1回	1〜3回	3回以上
0〜10,000円	貢献度が低い顧客		
10,000〜30,000円		最大数の顧客層	
30,000円以上			上得意顧客

- **どの層の顧客に対して、どんな販売促進を実施するべきか**
- **どの層の顧客へ販売促進を強化すべきか**
- **「上得意顧客」に続く「次のターゲット」をどの層にするべきか**

プロモーション(Promotion)戦略③

34 売れないのは顧客が「飽きた」「慣れた」から

——顧客の大敵を学ぶ「限界効用逓減の法則」

■ なぜ、モノが売れないのか

最後の項目になりますが、私が最もよくいただく質問に「なぜモノが売れなくなっているのでしょうか」という質問があります。

答えは簡単で販売されている商品・サービスに「驚き」が足りないのです。マンネリ化した商品・サービスに顧客が「飽き」てしまい「財布の紐」が緩まないのです。

そのため、安易に「安さ」という価格頼みになってしまいます。そうした価格だけではなく「**えっ！　こんなものまである**

の！」「こんなに便利な商品があるの！」「こんなこともやってくれるの！」という「驚き」の価値はきわめて高いといえます。

■ だれにでも「慣れ」「飽き」という感覚は存在する

顧客の「慣れ」「飽き」こそが、企業には最も手強い存在であると考えるべきです。顧客は企業の行動パターンを理解すると、すぐに慣れが出てきます。慣れてしまったサービスや商品には魅力を感じなくなります。

そして、企業は次の「驚き」を生み出す努力を強いられるのです。では、驚きを生み出すにはどうするべきでしょうか？

社内外の「異能」をもった人材を活かすことは解決への一つの手段です。「少数派」「異端」「傍流」という人材を活かすことで、従来の延長ではない新たな「驚き」が生まれます。

■ 自社は「限界効用逓減の法則」に陥っていないか

「限界効用逓減の法則」という法則があります。「同じことを

■ 限界効用逓減の法則

生ビール

ジョッキ	￥499（税抜）
2杯目以降	￥399（税抜）

上記は某レストランのメニューであるが、「2杯目のビール」を100円割引することで、顧客を「ビックリ」させ、飽きがこないような工夫をしている。しかし、**3杯目への仕掛けが見当たらない**

漠然と続けていると、顧客満足度が徐々に下がる」という意味です。

これだけニーズが多様化した現在でも、同じことの前例を踏襲して漠然とやり続けている会社も多いと思われます。

顧客は「飽き」たらお金を払いません。だから、ビジネスでは常に顧客の立場で何が必要かを「考え抜く」ことが大切です。

■売れない場合には「売る相手」を変えてみる

どうしても自社を変えることができなければ、「売る相手」を変え続けることも考えましょう。

自社にとって「日常的に販売している商品」でも、初めて見る人には「飽き」も「慣れ」もありません。それどころか「驚き」を感じることもあるでしょう。

「初めての顧客」を探すためには**常に新規潜在顧客を見つけ出す**マーケティング活動が必要となります。商品をどうしても変えたくない場合には、広い範囲でこうした活動をします。

■ 顧客に「支持される企業」「支持されない企業」の相違点

支持される企業		支持されない企業
〔技術力〕		
顧客満足が高い	⟷	独りよがり
〔営　業〕		
方針・実行が徹底	⟷	方向性が不明確
〔ビジネスモデル〕		
模倣困難な希少価値の技術	⟷	他社の模倣
〔戦略・戦術〕		
収益の出る仕組みづくり	⟷	自社都合の臨機応変の戦術
〔情報収集〕		
顧客から直接	⟷	顧客との接点が少ない
〔価格戦略〕		
収益が確保できる	⟷	他社より安いだけ
〔流通経路〕		
リスクを考慮	⟷	特定販路依存
〔販　促〕		
ターゲットが明確	⟷	コストだけを優先

※自社は、「支持される企業」の項目がいくつあるのかを確認する

※競合他社と比較して不利になっている部分があれば、整理して「強化する優先順位」を決定する必要がある

感情的な判断をしてはいけない

――「大手に吸収合併された量販店」の事例

著者はビジネスにおいて気合と根性をもつことは、非常に有効なことだと確信している。

どんなによい理論を学んでも、それを実行することができなければ成果は出ない。

気合と根性を「PDCA」の「DO（実行する力）」と置き換えれば、それは大変な武器になる。

最後のコラムでは、高いレベルでの「気合と根性」がありながら、その歴史に幕を下ろした名門の中堅量販店の事例を紹介したい。

▼「気合で売れ」という上司にはついていけない

この量販店は地元では名門で知られ、知名度も抜群の企業であった。2000年代より大手量販店との価格競争の激化により、利益の確保が厳しい状態に陥っていった。

それを乗り切るために、経営陣は十分に訓練を受けた社員に猛烈営業を命じた。

「安く売るために利益率が落ちるので、販売数量を多く売る」という一見わかりやすいが、体力的な消耗の激しい営業方針をとった。「気合で負けるな」と毎日のように怒号が飛び交うだけの職場に、疑問をもちながら多くの社員がそれに従ったが、相当数の社員は職場から去っていった。

「どう戦えば勝てるのか」という合理的で明確な手法を示すことのできない経営陣に嫌気がさすことは極々当たり前の光景であった。

▼工夫なしに価格競争をした企業の末路

体力のない中堅企業が合理的な戦略をもたずに「大手が100円であれば、ウチは99円」という戦い方をすることは自殺行為である。

この量販店が**商品やサービスでのオリジナル性を出すことが乏しかったた**のも、価格競争に巻き込まれた原因の一つであったといえる。

また、**強いエリアが一か所しかなく、**そのエリアに自社の10倍以上の売上高規模のある大手量販店が進出してきたことも、冷静な経営判断を狂わせた原因となった。

販売促進も「ポイントカード」の通常の3倍、5倍付与等の費用がかかるにもかかわらず、利益確保効果が薄い手法ばかりを実施していた。

▼理論を無視した競争はありえない

2016年現在、この量販店の屋号は存在しない。

この量販店は従業員教育に力を入れ、基礎能力やモチベーションの高い社員がそろった地元の名門企業であった。

しかし、「負けたくない」という感情的な気持ちだけを全面に出し消耗戦に臨んだ結果、ある大手量販店に買収されてしまった。

経営陣が無用なコンプレックスを捨て、勝てないケンカを避けることができれば「地元で愛される企業」として存在し続けたであろう。

マーケティングの理論を無視して競争をすることが、どれほど恐ろしいことなのかが理解できるエピソードである。

著者紹介

市川晃久（いちかわ・てるひさ）

ウィンテルコンサルティンググループ代表取締役。
1967 年群馬県生まれ。1991 年慶應義塾大学卒業後、ダイエーにてデリカテッセン（惣菜）売場の売場責任者、人事本部で教育訓練を担当。1995 年中堅スーパーマーケットで社長室長、店長、商品担当取締役等を歴任。
1997 年ウィンテルコンサルティンググループを設立。産業財、消費財を問わず、大手メーカー（食品、飲料、製薬、雑貨、化粧品、家電、衣料品など）や金融、物流等の「マーケティング」「営業戦略・販路拡大」等の研修やコンサルティングも手掛ける。オーナー経営者のためのマーケティング戦略にも定評がある。実践的な指導により、クライアント先の業績アップに貢献、契約は長期にわたることが多い。
著者の持論は「優良顧客と付き合うためにしっかりとしたビジネスモデルを構築する」。
20 年間での公開講座「マーケティングセミナー」の受講者は合計約 9700 名、バイヤー研修、店長研修等も含めた企業研修の受講者数は約 49000 名を超える。
著書に『店長・バイヤーはあなたが動かす。』（日本経済新聞出版社）。

超解 マーケティングで面白《おもしろ》いほど売上《うりあげ》が伸《の》びる本《ほん》〈検印省略〉

2016年　5　月　3　日　第　1　刷発行

著　者――市川 晃久（いちかわ・てるひさ）
発行者――佐藤 和夫

発行所――株式会社あさ出版
〒171-0022 東京都豊島区南池袋 2-9-9 第一池袋ホワイトビル 6F
電　話　03 (3983) 3225（販売）
　　　　03 (3983) 3227（編集）
F A X　03 (3983) 3226
U R L　http://www.asa21.com/
E-mail　info@asa21.com
振　替　00160-1-720619

印刷・製本 美研プリンティング（株）
乱丁本・落丁本はお取替え致します。

facebook　http://www.facebook.com/asapublishing
twitter　http://twitter.com/asapublishing

ISBN978-4-86063-875-7 C2034